全国普法学习读本
★★★★★

最新民商类法律法规读本

企业法律法规学习读本
企业专项法律法规

曾 朝 主编

加大全民普法力度，建设社会主义法治文化，树立宪法法律至上、法律面前人人平等的法治理念。

——中国共产党第十九次全国代表大会《决胜全面建成小康社会 夺取新时代中国特色社会主义伟大胜利》

汕头大学出版社

图书在版编目（CIP）数据

企业专项法律法规／曾朝主编． -- 汕头：汕头大学出版社，2023.4（重印）

（企业法律法规学习读本）

ISBN 978-7-5658-3321-2

Ⅰ．①企… Ⅱ．①曾… Ⅲ．①企业法-中国-学习参考资料 Ⅳ．①D922.291.914

中国版本图书馆 CIP 数据核字（2018）第 000670 号

企业专项法律法规　QIYE ZHUANXIANG FALÜ FAGUI

主　　编：	曾　朝
责任编辑：	汪艳蕾
责任技编：	黄东生
封面设计：	大华文苑
出版发行：	汕头大学出版社
	广东省汕头市大学路 243 号汕头大学校园内　邮政编码：515063
电　　话：	0754-82904613
印　　刷：	三河市元兴印务有限公司
开　　本：	690mm×960mm 1/16
印　　张：	18
字　　数：	226 千字
版　　次：	2018 年 1 月第 1 版
印　　次：	2023 年 4 月第 2 次印刷
定　　价：	59.60 元（全 2 册）

ISBN 978-7-5658-3321-2

版权所有，翻版必究

如发现印装质量问题，请与承印厂联系退换

前　言

习近平总书记指出："推进全民守法，必须着力增强全民法治观念。要坚持把全民普法和守法作为依法治国的长期基础性工作，采取有力措施加强法制宣传教育。要坚持法治教育从娃娃抓起，把法治教育纳入国民教育体系和精神文明创建内容，由易到难、循序渐进不断增强青少年的规则意识。要健全公民和组织守法信用记录，完善守法诚信褒奖机制和违法失信行为惩戒机制，形成守法光荣、违法可耻的社会氛围，使遵法守法成为全体人民共同追求和自觉行动。"

中共中央、国务院曾经转发了中央宣传部、司法部关于在公民中开展法治宣传教育的规划，并发出通知，要求各地区各部门结合实际认真贯彻执行。通知指出，全民普法和守法是依法治国的长期基础性工作。深入开展法治宣传教育，是全面建成小康社会和新农村的重要保障。

普法规划指出：各地区各部门要根据实际需要，从不同群体的特点出发，因地制宜开展有特色的法治宣传教育坚持集中法治宣传教育与经常性法治宣传教育相结合，深化法律进机关、进乡村、进社区、进学校、进企业、进单位的"法律六进"主题活动，完善工作标准，建立长效机制。

特别是农业、农村和农民问题，始终是关系党和人民事业发展的全局性和根本性问题。党中央、国务院发布的《关于推进社会主义新农村建设的若干意见》中明确提出要"加强农村法制建设，深入开展农村普法教育，增强农民的法制观念，提高农民依法行使权利和履行义务的自觉性。"多年普法实践证明，普及法律知识，提高法制观念,增强全社会依法办事意识具有重要作用。特别是在广大农村进行普法教育,是提高全民法律素质的需要。

多年来,我国在农村实行的改革开放取得了极大成功,农村发生了翻天覆地的变化,广大农民生活水平大大得到了提高。但是,由于历史和社会等原因,现阶段我国一些地区农民文化素质还不高,不学法、不懂法、不守法现象虽然较原来有所改变,但仍有相当一部分群众的法制观念仍很淡化,不懂、不愿借助法律来保护自身权益,这就极易受到不法的侵害,或极易进行违法犯罪活动,严重阻碍了全面建成小康社会和新农村步伐。

为此,根据党和政府的指示精神以及普法规划,特别是根据广大农村农民的现状,在有关部门和专家的指导下,特别编辑了这套《全国普法学习读本》。主要包括了广大人民群众应知应懂、实际实用的法律法规。为了辅导学习,附录还收入了相应法律法规的条例准则、实施细则、解读解答、案例分析等;同时为了突出法律法规的实际实用特点,兼顾地方性和特殊性,附录还收入了部分某些地方性法律法规以及非法律法规的政策文件、管理制度、应用表格等内容,拓展了本书的知识范围,使法律法规更"接地气",便于读者学习掌握和实际应用。

在众多法律法规中,我们通过甄别,淘汰了废止的,精选了最新的、权威的和全面的。但有部分法律法规有些条款不适应当下情况了,却没有颁布新的,我们又不能擅自改动,只得保留原有条款,但附录却有相应的补充修改意见或通知等。众多法律法规根据不同内容和受众特点,经过归类组合,优化配套。整套普法读本非常全面系统,具有很强的学习性、实用性和指导性,非常适合用于广大农村和城乡普法学习教育与实践指导。总之,是全国全民普法的良好读本。

目 录

中华人民共和国个人独资企业法

第一章　总　则 ………………………………………… (1)
第二章　个人独资企业的设立 ………………………… (2)
第三章　个人独资企业的投资人及事务管理 ………… (3)
第四章　个人独资企业的解散和清算 ………………… (5)
第五章　法律责任 ……………………………………… (6)
第六章　附　则 ………………………………………… (7)
附　录
　　个人独资企业登记管理办法 ……………………… (8)

个体工商户条例

个体工商户条例 ………………………………………… (16)
附　录
　　个体工商户登记管理办法 ………………………… (21)
　　个体工商户建账管理暂行办法 …………………… (29)
　　个体工商户年度报告暂行办法 …………………… (33)

中华人民共和国合伙企业法

第一章　总　则 ………………………………………… (37)
第二章　普通合伙企业 ………………………………… (39)
第三章　有限合伙企业 ………………………………… (47)
第四章　合伙企业解散、清算 ………………………… (50)
第五章　法律责任 ……………………………………… (52)

第六章　附　则 …………………………………………… (54)
附　录
　　中华人民共和国合伙企业登记管理办法 ………………… (55)
　　外商投资合伙企业登记管理规定 ………………………… (63)

中华人民共和国中外合作经营企业法

中华人民共和国中外合作经营企业法 ……………………… (75)

中华人民共和国中外合资经营企业法

中华人民共和国中外合资经营企业法 ……………………… (80)

中华人民共和国外资企业法

中华人民共和国外资企业法 ………………………………… (84)

小企业内部控制规范（试行）

第一章　总　则 …………………………………………… (89)
第二章　内部控制建立与实施 …………………………… (90)
第三章　内部控制监督 …………………………………… (93)
第四章　附　则 …………………………………………… (95)
附　录
　　工商总局关于深入推进"放管服"多措并举助力小型
　　微型企业发展的意见 ……………………………………… (96)
　　关于扩大小型微利企业所得税优惠政策范围的通知 ……… (102)

企业投资项目核准和备案管理条例

企业投资项目核准和备案管理条例 ………………………… (104)
附　录
　　企业投资项目核准和备案管理办法 ……………………… (110)

目　录

中华人民共和国企业所得税法

第一章　总　则 ………………………………………… (124)

第二章　应纳税所得额 …………………………………… (125)

第三章　应纳税额 ………………………………………… (128)

第四章　税收优惠 ………………………………………… (129)

第五章　源泉扣缴 ………………………………………… (130)

第六章　特别纳税调整 …………………………………… (131)

第七章　征收管理 ………………………………………… (132)

第八章　附　则 …………………………………………… (133)

附　录

　　国家税务总局关于实施高新技术企业所得税优惠政策
　　有关问题的公告 …………………………………… (135)

中华人民共和国个人独资企业法

中华人民共和国主席令
第二十号

《中华人民共和国个人独资企业法》已由中华人民共和国第九届全国人民代表大会常务委员会第十一次会议于1999年8月30日通过，现予公布，自2000年1月1日起施行。

中华人民共和国主席　江泽民
1999年8月30日

第一章　总　则

第一条　为了规范个人独资企业的行为，保护个人独资企业投资人和债权人的合法权益，维护社会经济秩序，促进社会主义市场经济的发展，根据宪法，制定本法。

第二条　本法所称个人独资企业，是指依照本法在中国境内设立，由一个自然人投资，财产为投资人个人所有，投资人以其个人财产对企业债务承担无限责任的经营实体。

第三条　个人独资企业以其主要办事机构所在地为住所。

第四条 个人独资企业从事经营活动必须遵守法律、行政法规，遵守诚实信用原则，不得损害社会公共利益。

个人独资企业应当依法履行纳税义务。

第五条 国家依法保护个人独资企业的财产和其他合法权益。

第六条 个人独资企业应当依法招用职工。职工的合法权益受法律保护。

个人独资企业职工依法建立工会，工会依法开展活动。

第七条 在个人独资企业中的中国共产党党员依照中国共产党章程进行活动。

第二章 个人独资企业的设立

第八条 设立个人独资企业应当具备下列条件：

（一）投资人为一个自然人；

（二）有合法的企业名称；

（三）有投资人申报的出资；

（四）有固定的生产经营场所和必要的生产经营条件；

（五）有必要的从业人员。

第九条 申请设立个人独资企业，应当由投资人或者其委托的代理人向个人独资企业所在地的登记机关提交设立申请书、投资人身份证明、生产经营场所使用证明等文件。委托代理人申请设立登记时，应当出具投资人的委托书和代理人的合法证明。

个人独资企业不得从事法律、行政法规禁止经营的业务；从事法律、行政法规规定须报经有关部门审批的业务，应当在申请设立登记时提交有关部门的批准文件。

第十条 个人独资企业设立申请书应当载明下列事项：

（一）企业的名称和住所；

（二）投资人的姓名和居所；

（三）投资人的出资额和出资方式；

（四）经营范围。

第十一条 个人独资企业的名称应当与其责任形式及从事的营业相符合。

第十二条 登记机关应当在收到设立申请文件之日起十五日内，对符合本法规定条件的，予以登记，发给营业执照；对不符合本法规定条件的，不予登记，并应当给予书面答复，说明理由。

第十三条 个人独资企业的营业执照的签发日期，为个人独资企业成立日期。

在领取个人独资企业营业执照前，投资人不得以个人独资企业名义从事经营活动。

第十四条 个人独资企业设立分支机构，应当由投资人或者其委托的代理人向分支机构所在地的登记机关申请登记，领取营业执照。

分支机构经核准登记后，应将登记情况报该分支机构隶属的个人独资企业的登记机关备案。

分支机构的民事责任由设立该分支机构的个人独资企业承担。

第十五条 个人独资企业存续期间登记事项发生变更的，应当在作出变更决定之日起的十五日内依法向登记机关申请办理变更登记。

第三章　个人独资企业的投资人及事务管理

第十六条 法律、行政法规禁止从事营利性活动的人，不得作为投资人申请设立个人独资企业。

第十七条 个人独资企业投资人对本企业的财产依法享有所有权，其有关权利可以依法进行转让或继承。

第十八条 个人独资企业投资人在申请企业设立登记时明确以其家庭共有财产作为个人出资的，应当依法以家庭共有财产对企业债务承担无限责任。

第十九条 个人独资企业投资人可以自行管理企业事务，也可以委托或者聘用其他具有民事行为能力的人负责企业的事务管理。

投资人委托或者聘用他人管理个人独资企业事务，应当与受托人或者被聘用的人签订书面合同，明确委托的具体内容和授予的权利范围。

受托人或者被聘用的人员应当履行诚信、勤勉义务，按照与投资人签订的合同负责个人独资企业的事务管理。

投资人对受托人或者被聘用的人员职权的限制，不得对抗善意第三人。

第二十条 投资人委托或者聘用的管理个人独资企业事务的人员不得有下列行为：

（一）利用职务上的便利，索取或者收受贿赂；

（二）利用职务或者工作上的便利侵占企业财产；

（三）挪用企业的资金归个人使用或者借贷给他人；

（四）擅自将企业资金以个人名义或者以他人名义开立帐户储存；

（五）擅自以企业财产提供担保；

（六）未经投资人同意，从事与本企业相竞争的业务；

（七）未经投资人同意，同本企业订立合同或者进行交易；

（八）未经投资人同意，擅自将企业商标或者其他知识产权转让给他人使用；

（九）泄露本企业的商业秘密；

（十）法律、行政法规禁止的其他行为。

第二十一条 个人独资企业应当依法设置会计帐簿，进行会计核算。

第二十二条 个人独资企业招用职工的，应当依法与职工签订劳动合同，保障职工的劳动安全，按时、足额发放职工工资。

第二十三条 个人独资企业应当按照国家规定参加社会保险，为职工缴纳社会保险费。

第二十四条　个人独资企业可以依法申请贷款、取得土地使用权，并享有法律、行政法规规定的其他权利。

第二十五条　任何单位和个人不得违反法律、行政法规的规定，以任何方式强制个人独资企业提供财力、物力、人力；对于违法强制提供财力、物力、人力的行为，个人独资企业有权拒绝。

第四章　个人独资企业的解散和清算

第二十六条　个人独资企业有下列情形之一时，应当解散：
（一）投资人决定解散；
（二）投资人死亡或者被宣告死亡，无继承人或者继承人决定放弃继承；
（三）被依法吊销营业执照；
（四）法律、行政法规规定的其他情形。

第二十七条　个人独资企业解散，由投资人自行清算或者由债权人申请人民法院指定清算人进行清算。

投资人自行清算的，应当在清算前十五日内书面通知债权人，无法通知的，应当予以公告。债权人应当在接到通知之日起三十日内，未接到通知的应当在公告之日起六十日内，向投资人申报其债权。

第二十八条　个人独资企业解散后，原投资人对个人独资企业存续期间的债务仍应承担偿还责任，但债权人在五年内未向债务人提出偿债请求的，该责任消灭。

第二十九条　个人独资企业解散的，财产应当按照下列顺序清偿：
（一）所欠职工工资和社会保险费用；
（二）所欠税款；
（三）其他债务。

第三十条　清算期间，个人独资企业不得开展与清算目的无关的经营活动。在按前条规定清偿债务前，投资人不得转移、隐匿财产。

第三十一条　个人独资企业财产不足以清偿债务的，投资人应当以其个人的其他财产予以清偿。

第三十二条　个人独资企业清算结束后，投资人或者人民法院指定的清算人应当编制清算报告，并于十五日内到登记机关办理注销登记。

第五章　法律责任

第三十三条　违反本法规定，提交虚假文件或采取其他欺骗手段，取得企业登记的，责令改正，处以五千元以下的罚款；情节严重的，并处吊销营业执照。

第三十四条　违反本法规定，个人独资企业使用的名称与其在登记机关登记的名称不相符合的，责令限期改正，处以二千元以下的罚款。

第三十五条　涂改、出租、转让营业执照的，责令改正，没收违法所得，处以三千元以下的罚款；情节严重的，吊销营业执照。

伪造营业执照的，责令停业，没收违法所得，处以五千元以下的罚款。构成犯罪的，依法追究刑事责任。

第三十六条　个人独资企业成立后无正当理由超过六个月未开业的，或者开业后自行停业连续六个月以上的，吊销营业执照。

第三十七条　违反本法规定，未领取营业执照，以个人独资企业名义从事经营活动的，责令停止经营活动，处以三千元以下的罚款。

个人独资企业登记事项发生变更时，未按本法规定办理有关变更登记的，责令限期办理变更登记；逾期不办理的，处以二千元以下的罚款。

第三十八条　投资人委托或者聘用的人员管理个人独资企业事务时违反双方订立的合同，给投资人造成损害的，承担民事赔偿责任。

第三十九条　个人独资企业违反本法规定，侵犯职工合法权益，未保障职工劳动安全，不缴纳社会保险费用的，按照有关法律、行政法规予以处罚，并追究有关责任人员的责任。

第四十条 投资人委托或者聘用的人员违反本法第二十条规定，侵犯个人独资企业财产权益的，责令退还侵占的财产；给企业造成损失的，依法承担赔偿责任；有违法所得的，没收违法所得；构成犯罪的，依法追究刑事责任。

第四十一条 违反法律、行政法规的规定强制个人独资企业提供财力、物力、人力的，按照有关法律、行政法规予以处罚，并追究有关责任人员的责任。

第四十二条 个人独资企业及其投资人在清算前或清算期间隐匿或转移财产，逃避债务的，依法追回其财产，并按照有关规定予以处罚；构成犯罪的，依法追究刑事责任。

第四十三条 投资人违反本法规定，应当承担民事赔偿责任和缴纳罚款、罚金，其财产不足以支付的，或者被判处没收财产的，应当先承担民事赔偿责任。

第四十四条 登记机关对不符合本法规定条件的个人独资企业予以登记，或者对符合本法规定条件的企业不予登记的，对直接责任人员依法给予行政处分；构成犯罪的，依法追究刑事责任。

第四十五条 登记机关的上级部门的有关主管人员强令登记机关对不符合本法规定条件的企业予以登记，或者对符合本法规定条件的企业不予登记的，或者对登记机关的违法登记行为进行包庇的，对直接责任人员依法给予行政处分；构成犯罪的，依法追究刑事责任。

第四十六条 登记机关对符合法定条件的申请不予登记或者超过法定时限不予答复的，当事人可依法申请行政复议或提起行政诉讼。

第六章　附　则

第四十七条 外商独资企业不适用本法。

第四十八条 本法自2000年1月1日起施行。

附 录

个人独资企业登记管理办法

国家工商行政管理总局令

第 63 号

《国家工商行政管理总局关于修改〈中华人民共和国企业法人登记管理条例施行细则〉、〈外商投资合伙企业登记管理规定〉、〈个人独资企业登记管理办法〉、〈个体工商户登记管理办法〉等规章的决定》已经中华人民共和国国家工商行政管理总局局务会审议通过,现予公布,自2014年3月1日起施行。

国家工商行政管理总局局长
2014 年 2 月 20 日

(2000 年 1 月 13 日国家工商行政管理局令第 94 号公布;根据 2014 年 2 月 20 日国家工商行政管理总局令第 63 号修订)

第一章 总 则

第一条 为了确认个人独资企业的经营资格,规范个人独资企业登记行为,依据《中华人民共和国个人独资企业法》(以下简称《个人独资企业法》),制定本办法。

第二条 个人独资企业的设立、变更、注销,应当依照《个人独资企业法》和本办法的规定办理企业登记。

第三条 个人独资企业经登记机关依法核准登记,领取营业执照后,方可从事经营活动。

个人独资企业应当在登记机关核准的登记事项内依法从事经营活动。

第四条 工商行政管理机关是个人独资企业的登记机关。

国家工商行政管理总局主管全国个人独资企业的登记工作。

省、自治区、直辖市工商行政管理局负责本地区个人独资企业的登记工作。

市、县工商行政管理局以及大中城市工商行政管理分局负责本辖区内的个人独资企业登记。

第二章 设立登记

第五条 设立个人独资企业应当具备《个人独资企业法》第八条规定的条件。

第六条 个人独资企业的名称应当符合名称登记管理有关规定,并与其责任形式及从事的营业相符合。

个人独资企业的名称中不得使用"有限"、"有限责任"或者"公司"字样。

第七条 设立个人独资企业,应当由投资人或者其委托的代理人向个人独资企业所在地登记机关申请设立登记。

第八条 个人独资企业的登记事项应当包括:企业名称、企业住所、投资人姓名和居所、出资额和出资方式、经营范围。

第九条 投资人申请设立登记,应当向登记机关提交下列文件:

(一)投资人签署的个人独资企业设立申请书;

(二)投资人身份证明;

(三)企业住所证明;

（四）国家工商行政管理总局规定提交的其他文件。

从事法律、行政法规规定须报经有关部门审批的业务的，应当提交有关部门的批准文件。

委托代理人申请设立登记的，应当提交投资人的委托书和代理人的身份证明或者资格证明。

第十条 个人独资企业设立申请书应当载明下列事项：

（一）企业的名称和住所；

（二）投资人的姓名和居所；

（三）投资人的出资额和出资方式；

（四）经营范围。

个人独资企业投资人以个人财产出资或者以其家庭共有财产作为个人出资的，应当在设立申请书中予以明确。

第十一条 登记机关应当在收到本办法第九条规定的全部文件之日起15日内，作出核准登记或者不予登记的决定。予以核准的发给营业执照；不予核准的，发给企业登记驳回通知书。

第十二条 个人独资企业营业执照的签发日期为个人独资企业成立日期。

第三章　变更登记

第十三条 个人独资企业变更企业名称、企业住所、经营范围，应当在作出变更决定之日起15日内向原登记机关申请变更登记。

个人独资企业变更投资人姓名和居所、出资额和出资方式，应当在变更事由发生之日起15日内向原登记机关申请变更登记。

第十四条 个人独资企业申请变更登记，应当向登记机关提交下列文件：

（一）投资人签署的变更登记申请书；

（二）国家工商行政管理总局规定提交的其他文件。

从事法律、行政法规规定须报经有关部门审批的业务的，应当提交有关部门的批准文件。

委托代理人申请变更登记的,应当提交投资人的委托书和代理人的身份证明或者资格证明。

第十五条 登记机关应当在收到本办法第十四条规定的全部文件之日起15日内,作出核准登记或者不予登记的决定。予以核准的,换发营业执照或者发给变更登记通知书;不予核准的,发给企业登记驳回通知书。

第十六条 个人独资企业变更住所跨登记机关辖区的,应当向迁入地登记机关申请变更登记。迁入地登记机关受理的,由原登记机关将企业档案移送迁入地登记机关。

第十七条 个人独资企业因转让或者继承致使投资人变化的,个人独资企业可向原登记机关提交转让协议书或者法定继承文件,申请变更登记。

个人独资企业改变出资方式致使个人财产与家庭共有财产变换的,个人独资企业可向原登记机关提交改变出资方式文件,申请变更登记。

第四章 注销登记

第十八条 个人独资企业依照《个人独资企业法》第二十六条规定解散的,应当由投资人或者清算人于清算结束之日起15日内向原登记机关申请注销登记。

第十九条 个人独资企业申请注销登记,应当向登记机关提交下列文件:

(一) 投资人或者清算人签署的注销登记申请书;

(二) 投资人或者清算人签署的清算报告;

(三) 国家工商行政管理总局规定提交的其他文件。

个人独资企业办理注销登记时,应当缴回营业执照。

第二十条 登记机关应当在收到本办法第十九条规定的全部文件之日起15日内,作出核准登记或者不予登记的决定。予以核准的,发给核准通知书；不予核准的，发给企业登记驳回通知书。

第二十一条　经登记机关注销登记，个人独资企业终止。

第五章　分支机构登记

第二十二条　个人独资企业设立分支机构，应当由投资人或者其委托的代理人向分支机构所在地的登记机关申请设立登记。

第二十三条　分支机构的登记事项应当包括：分支机构的名称、经营场所、负责人姓名和居所、经营范围。

第二十四条　个人独资企业申请设立分支机构，应当向登记机关提交下列文件：

（一）分支机构设立登记申请书；

（二）登记机关加盖印章的个人独资企业营业执照复印件；

（三）经营场所证明；

（四）国家工商行政管理总局规定提交的其他文件。

分支机构从事法律、行政法规规定须报经有关部门审批的业务的，还应当提交有关部门的批准文件。

个人独资企业投资人委派分支机构负责人的，应当提交投资人委派分支机构负责人的委托书及其身份证明。

委托代理人申请分支机构设立登记的，应当提交投资人的委托书和代理人的身份证明或者资格证明。

第二十五条　登记机关应当在收到本办法第二十四条规定的全部文件之日起15日内，作出核准登记或者不予登记的决定。核准登记的，发给营业执照；不予登记的，发给登记驳回通知书。

第二十六条　个人独资企业分支机构申请变更登记、注销登记，比照本办法关于个人独资企业申请变更登记、注销登记的有关规定办理。

第二十七条　个人独资企业应当在其分支机构经核准设立、变更或者注销登记后15日内，将登记情况报该分支机构隶属的个人独资企业的登记机关备案。

第二十八条 个人独资企业向登记机关备案，应当提交下列文件：

（一）分支机构登记机关加盖印章的分支机构营业执照复印件、变更登记通知书或者注销登记通知书；

（二）国家工商行政管理总局规定提交的其他文件。

第六章 公示和证照管理

第二十九条 登记机关应当将个人独资企业登记、备案信息通过企业信用信息公示系统向社会公示。

第三十条 个人独资企业应当于每年1月1日至6月30日，通过企业信用信息公示系统向登记机关报送上一年度年度报告，并向社会公示。

年度报告公示的内容和监督检查按照国务院的规定执行。

第三十一条 个人独资企业营业执照分为正本和副本，正本和副本具有同等法律效力。

个人独资企业根据业务需要，可以向登记机关申请核发若干营业执照副本。

个人独资企业营业执照遗失的，应当在报刊上声明作废，并向登记机关申请补领。个人独资企业营业执照毁损的，应当向登记机关申请更换。

第三十二条 个人独资企业应当将营业执照正本置放在企业住所的醒目位置。

第三十三条 任何单位和个人不得伪造、涂改、出租、转让营业执照。

任何单位和个人不得承租、受让营业执照。

第三十四条 个人独资企业的营业执照正本和副本样式，由国家工商行政管理总局制定。

第七章 法律责任

第三十五条 未经登记机关依法核准登记并领取营业执照，以个人独资企业名义从事经营活动的，由登记机关责令停止经营活动，处以3000元以下的罚款。

第三十六条 个人独资企业办理登记时，提交虚假文件或者采取其他欺骗手段，取得企业登记的，由登记机关责令改正，处以5000元以下的罚款；情节严重的，并处吊销营业执照。

第三十七条 个人独资企业使用的名称与其在登记机关登记的名称不相符合的，责令限期改正，处以2000元以下的罚款。

第三十八条 个人独资企业登记事项发生变更，未依照本办法规定办理变更登记的，由登记机关责令限期改正；逾期不办理的，处以2000元以下的罚款。

第三十九条 个人独资企业不按规定时间将分支机构登记情况报该分支机构隶属的个人独资企业的登记机关备案的，由登记机关责令限期改正；逾期不备案的，处以2000元以下的罚款。

第四十条 个人独资企业营业执照遗失，不在报刊上声明作废的，由登记机关处以500元以下的罚款；个人独资企业营业执照遗失或者毁损，不向登记机关申请补领或者更换的，由登记机关处以500元以下的罚款。

第四十一条 个人独资企业未将营业执照正本置放在企业住所醒目位置的，由登记机关责令限期改正；逾期不改正的，处以500元以下的罚款。

第四十二条 个人独资企业涂改、出租、转让营业执照的，由登记机关责令改正，没收违法所得，处以3000元以下的罚款；情节严重的，吊销营业执照。

承租、受让营业执照从事经营活动的，由登记机关收缴营业执照，责令停止经营活动，处以5000元以下的罚款。

第四十三条 伪造营业执照的，由登记机关责令停业，没收违法所得，处以5000元以下的罚款；构成犯罪的，依法追究刑事责任。

第四十四条 个人独资企业成立后，无正当理由超过6个月未开业，或者开业后自行停业连续6个月的，吊销营业执照。

第四十五条 登记机关对不符合法律规定条件的个人独资企业予以登记，或者对符合法律规定条件的个人独资企业不予登记的，对直接责任人员依法予以行政处分；构成犯罪的，依法追究刑事责任。

第四十六条 登记机关的上级部门有关主管人员强令登记机关对不符合法律规定条件的个人独资企业予以登记，或者对符合法律规定条件的个人独资企业不予登记，或者对登记机关的违法登记行为进行包庇的，对直接责任人员依法予以行政处分；构成犯罪的，依法追究刑事责任。

第八章 附 则

第四十七条 本办法施行前依据《中华人民共和国私营企业暂行条例》登记成立的私营独资企业，符合《个人独资企业法》规定的条件的，依据《个人独资企业法》和本办法登记为个人独资企业。

第四十八条 本办法自公布之日起施行。

个体工商户条例

个体工商户条例

中华人民共和国国务院令

第 596 号

《个体工商户条例》已经 2011 年 3 月 30 日国务院第 149 次常务会议通过，现予公布，自 2011 年 11 月 1 日起施行。

总理　温家宝

二〇一一年四月十六日

（2011 年 3 月 30 日国务院第 149 次常务会议通过；根据 2014 年 2 月 19 日国务院令第 648 号《国务院关于废止和修改部分行政法规的决定》第一次修正；根据 2016 年 2 月 6 日国务院令第 666 号《国务院关于修改部分行政法规的决定》第二次修正）

第一条　为了保护个体工商户的合法权益，鼓励、支持和引导个体工商户健康发展，加强对个体工商户的监督、管理，发挥其在经济社会发展和扩大就业中的重要作用，制定本条例。

第二条 有经营能力的公民，依照本条例规定经工商行政管理部门登记，从事工商业经营的，为个体工商户。

个体工商户可以个人经营，也可以家庭经营。

个体工商户的合法权益受法律保护，任何单位和个人不得侵害。

第三条 县、自治县、不设区的市、市辖区工商行政管理部门为个体工商户的登记机关（以下简称登记机关）。登记机关按照国务院工商行政管理部门的规定，可以委托其下属工商行政管理所办理个体工商户登记。

第四条 国家对个体工商户实行市场平等准入、公平待遇的原则。

申请办理个体工商户登记，申请登记的经营范围不属于法律、行政法规禁止进入的行业的，登记机关应当依法予以登记。

第五条 工商行政管理部门和县级以上人民政府其他有关部门应当依法对个体工商户实行监督和管理。

个体工商户从事经营活动，应当遵守法律、法规，遵守社会公德、商业道德，诚实守信，接受政府及其有关部门依法实施的监督。

第六条 地方各级人民政府和县级以上人民政府有关部门应当采取措施，在经营场所、创业和职业技能培训、职业技能鉴定、技术创新、参加社会保险等方面，为个体工商户提供支持、便利和信息咨询等服务。

第七条 依法成立的个体劳动者协会在工商行政管理部门指导下，为个体工商户提供服务，维护个体工商户合法权益，引导个体工商户诚信自律。

个体工商户自愿加入个体劳动者协会。

第八条 申请登记为个体工商户，应当向经营场所所在地登记机关申请注册登记。申请人应当提交登记申请书、身份证明和经营场所证明。

个体工商户登记事项包括经营者姓名和住所、组成形式、经营范围、经营场所。个体工商户使用名称的，名称作为登记事项。

第九条 登记机关对申请材料依法审查后，按照下列规定办理：

（一）申请材料齐全、符合法定形式的，当场予以登记；申请材料不齐全或者不符合法定形式要求的，当场告知申请人需要补正的全部内容；

（二）需要对申请材料的实质性内容进行核实的，依法进行核查，并自受理申请之日起 15 日内作出是否予以登记的决定；

（三）不符合个体工商户登记条件的，不予登记并书面告知申请人，说明理由，告知申请人有权依法申请行政复议、提起行政诉讼。

予以注册登记的，登记机关应当自登记之日起 10 日内发给营业执照。

国家推行电子营业执照。电子营业执照与纸质营业执照具有同等法律效力。

第十条 个体工商户登记事项变更的，应当向登记机关申请办理变更登记。

个体工商户变更经营者的，应当在办理注销登记后，由新的经营者重新申请办理注册登记。家庭经营的个体工商户在家庭成员间变更经营者的，依照前款规定办理变更手续。

第十一条 申请注册登记或者变更登记的登记事项属于依法须取得行政许可的，应当向登记机关提交许可证明。

第十二条 个体工商户不再从事经营活动的，应当到登记机关办理注销登记。

第十三条 个体工商户应当于每年 1 月 1 日至 6 月 30 日，向登记机关报送年度报告。

个体工商户应当对其年度报告的真实性、合法性负责。

个体工商户年度报告办法由国务院工商行政管理部门制定。

第十四条 登记机关将未按照规定履行年度报告义务的个体工商

户载入经营异常名录,并在企业信用信息公示系统上向社会公示。

第十五条 登记机关接收个体工商户年度报告和抽查不得收取任何费用。

第十六条 登记机关和有关行政机关应当在其政府网站和办公场所,以便于公众知晓的方式公布个体工商户申请登记和行政许可的条件、程序、期限、需要提交的全部材料目录和收费标准等事项。

登记机关和有关行政机关应当为申请人申请行政许可和办理登记提供指导和查询服务。

第十七条 个体工商户在领取营业执照后,应当依法办理税务登记。

个体工商户税务登记内容发生变化的,应当依法办理变更或者注销税务登记。

第十八条 任何部门和单位不得向个体工商户集资、摊派,不得强行要求个体工商户提供赞助或者接受有偿服务。

第十九条 地方各级人民政府应当将个体工商户所需生产经营场地纳入城乡建设规划,统筹安排。

个体工商户经批准使用的经营场地,任何单位和个人不得侵占。

第二十条 个体工商户可以凭营业执照及税务登记证明,依法在银行或者其他金融机构开立账户,申请贷款。

金融机构应当改进和完善金融服务,为个体工商户申请贷款提供便利。

第二十一条 个体工商户可以根据经营需要招用从业人员。

个体工商户应当依法与招用的从业人员订立劳动合同,履行法律、行政法规规定和合同约定的义务,不得侵害从业人员的合法权益。

第二十二条 个体工商户提交虚假材料骗取注册登记,或者伪造、涂改、出租、出借、转让营业执照的,由登记机关责令改正,处4000元以下的罚款;情节严重的,撤销注册登记或者吊销营业执照。

第二十三条 个体工商户登记事项变更,未办理变更登记的,由登记机关责令改正，处 1500 元以下的罚款；情节严重的，吊销营业执照。

个体工商户未办理税务登记的，由税务机关责令限期改正；逾期未改正的，经税务机关提请，由登记机关吊销营业执照。

第二十四条　在个体工商户营业执照有效期内，有关行政机关依法吊销、撤销个体工商户的行政许可，或者行政许可有效期届满的，应当自吊销、撤销行政许可或者行政许可有效期届满之日起 5 个工作日内通知登记机关，由登记机关撤销注册登记或者吊销营业执照，或者责令当事人依法办理变更登记。

第二十五条　工商行政管理部门以及其他有关部门应当加强个体工商户管理工作的信息交流，逐步建立个体工商户管理信息系统。

第二十六条　工商行政管理部门以及其他有关部门的工作人员，滥用职权、徇私舞弊、收受贿赂或者侵害个体工商户合法权益的，依法给予处分；构成犯罪的，依法追究刑事责任。

第二十七条　香港特别行政区、澳门特别行政区永久性居民中的中国公民，台湾地区居民可以按照国家有关规定，申请登记为个体工商户。

第二十八条　个体工商户申请转变为企业组织形式，符合法定条件的，登记机关和有关行政机关应当为其提供便利。

第二十九条　无固定经营场所摊贩的管理办法，由省、自治区、直辖市人民政府根据当地实际情况规定。

第三十条　本条例自 2011 年 11 月 1 日起施行。1987 年 8 月 5 日国务院发布的《城乡个体工商户管理暂行条例》同时废止。

附 录

个体工商户登记管理办法

国家工商行政管理总局令

第 63 号

《国家工商行政管理总局关于修改〈中华人民共和国企业法人登记管理条例施行细则〉、〈外商投资合伙企业登记管理规定〉、〈个人独资企业登记管理办法〉、〈个体工商户登记管理办法〉等规章的决定》已经中华人民共和国国家工商行政管理总局局务会审议通过，现予公布，自2014年3月1日起施行。

国家工商行政管理总局局长

2014 年 2 月 20 日

（2011年9月30日国家工商行政管理总局令第56号公布；根据2014年2月20日国家工商行政管理总局令第63号修订）

第一章 总 则

第一条 为保护个体工商户合法权益，鼓励、支持和引导个体工商户健康发展，规范个体工商户登记管理行为，依据《个体工商户条例》，制定本办法。

第二条 有经营能力的公民经工商行政管理部门登记，领取个体工商户营业执照，依法开展经营活动。

第三条 个体工商户的注册、变更和注销登记应当依照《个体工商户条例》和本办法办理。

申请办理个体工商户登记，申请人应当对申请材料的真实性负责。

第四条 工商行政管理部门是个体工商户的登记管理机关。

国家工商行政管理总局主管全国的个体工商户登记管理工作。

省、自治区、直辖市工商行政管理局和设区的市（地区）工商行政管理局负责本辖区的个体工商户登记管理工作。

县、自治县、不设区的市工商行政管理局以及市辖区工商行政管理分局为个体工商户的登记机关（以下简称登记机关），负责本辖区内的个体工商户登记。

第五条 登记机关可以委托其下属工商行政管理所（以下简称工商所）办理个体工商户登记。

第二章 登记事项

第六条 个体工商户的登记事项包括：

（一）经营者姓名和住所；

（二）组成形式；

（三）经营范围；

（四）经营场所。

个体工商户使用名称的，名称作为登记事项。

第七条 经营者姓名和住所，是指申请登记为个体工商户的公民姓名及其户籍所在地的详细住址。

第八条 组成形式，包括个人经营和家庭经营。

家庭经营的，参加经营的家庭成员姓名应当同时备案。

第九条 经营范围，是指个体工商户开展经营活动所属的行业类别。

登记机关根据申请人申请，参照《国民经济行业分类》中的类别标准，登记个体工商户的经营范围。

第十条 经营场所，是指个体工商户营业所在地的详细地址。

个体工商户经登记机关登记的经营场所只能为一处。

第十一条 个体工商户申请使用名称的，应当按照《个体工商户名称登记管理办法》办理。

第三章 登记申请

第十二条 个人经营的，以经营者本人为申请人；家庭经营的，以家庭成员中主持经营者为申请人。

委托代理人申请注册、变更、注销登记的，应当提交申请人的委托书和代理人的身份证明或者资格证明。

第十三条 申请个体工商户登记，申请人或者其委托的代理人可以直接到经营场所所在地登记机关登记；登记机关委托其下属工商所办理个体工商户登记的，到经营场所所在地工商所登记。

申请人或者其委托的代理人可以通过邮寄、传真、电子数据交换、电子邮件等方式向经营场所所在地登记机关提交申请。通过传真、电子数据交换、电子邮件等方式提交申请的，应当提供申请人或者其代理人的联络方式及通讯地址。对登记机关予以受理的申请，申请人应当自收到受理通知书之日起5日内，提交与传真、电子数据交换、电子邮件内容一致的申请材料原件。

第十四条 申请个体工商户注册登记，应当提交下列文件：

（一）申请人签署的个体工商户注册登记申请书；

（二）申请人身份证明；

（三）经营场所证明；

（四）国家工商行政管理总局规定提交的其他文件。

第十五条 申请个体工商户变更登记,应当提交下列文件:

(一)申请人签署的个体工商户变更登记申请书;

(二)申请经营场所变更的,应当提交新经营场所证明;

(三)国家工商行政管理总局规定提交的其他文件。

第十六条 申请个体工商户注销登记,应当提交下列文件:

(一)申请人签署的个体工商户注销登记申请书;

(二)个体工商户营业执照正本及所有副本;

(三)国家工商行政管理总局规定提交的其他文件。

第十七条 申请注册、变更登记的经营范围涉及国家法律、行政法规或者国务院决定规定在登记前须经批准的项目的,应当在申请登记前报经国家有关部门批准,并向登记机关提交相关批准文件。

第四章 受理、审查和决定

第十八条 登记机关收到申请人提交的登记申请后,对于申请材料齐全、符合法定形式的,应当受理。

申请材料不齐全或者不符合法定形式,登记机关应当当场告知申请人需要补正的全部内容,申请人按照要求提交全部补正申请材料的,登记机关应当受理。

申请材料存在可以当场更正的错误的,登记机关应当允许申请人当场更正。

第十九条 登记机关受理登记申请,除当场予以登记的外,应当发给申请人受理通知书。

对于不符合受理条件的登记申请,登记机关不予受理,并发给申请人不予受理通知书。

申请事项依法不属于个体工商户登记范畴的,登记机关应当即时决定不予受理,并向申请人说明理由。

第二十条 申请人提交的申请材料齐全、符合法定形式的,登记机关应当当场予以登记,并发给申请人准予登记通知书。

根据法定条件和程序，需要对申请材料的实质性内容进行核实的，登记机关应当指派两名以上工作人员进行核查，并填写申请材料核查情况报告书。登记机关应当自受理登记申请之日起 15 日内作出是否准予登记的决定。

第二十一条 对于以邮寄、传真、电子数据交换、电子邮件等方式提出申请并经登记机关受理的，登记机关应当自受理登记申请之日起 15 日内作出是否准予登记的决定。

第二十二条 登记机关作出准予登记决定的，应当发给申请人准予个体工商户登记通知书，并在 10 日内发给申请人个体工商户营业执照。不予登记的，应当发给申请人个体工商户登记驳回通知书。

第五章 监督管理

第二十三条 个体工商户应当于每年 1 月 1 日至 6 月 30 日向登记机关报送上一年度年度报告，并对其年度报告的真实性、合法性负责。

个体工商户年度报告、公示办法由国家工商行政管理总局另行制定。

第二十四条 个体工商户营业执照（以下简称营业执照）分为正本和副本，载明个体工商户的名称、经营者姓名、组成形式、经营场所、经营范围、注册日期和注册号、发照机关及发照时间信息，正、副本具有同等法律效力。

第二十五条 营业执照正本应当置于个体工商户经营场所的醒目位置。

第二十六条 个体工商户变更登记涉及营业执照载明事项的，登记机关应当换发营业执照。

第二十七条 营业执照遗失或毁损的，个体工商户应当向登记机关申请补领或者更换。

营业执照遗失的，个体工商户还应当在公开发行的报刊上声明作废。

第二十八条 有下列情形之一的，登记机关或其上级机关根据利害关系人的请求或者依据职权，可以撤销个体工商户登记：

（一）登记机关工作人员滥用职权、玩忽职守作出准予登记决定的；

（二）超越法定职权作出准予登记决定的；

（三）违反法定程序作出准予登记决定的；

（四）对不具备申请资格或者不符合法定条件的申请人准予登记的；

（五）依法可以撤销登记的其他情形。

申请人以欺骗、贿赂等不正当手段取得个体工商户登记的，应予以撤销。

依照前两款的规定撤销个体工商户登记，可能对公共利益造成重大损害的，不予撤销。

依照本条第一款的规定撤销个体工商户登记，经营者合法权益受到损害的，行政机关应当依法给予赔偿。

第二十九条 登记机关作出撤销登记决定的，应当发给原申请人撤销登记决定书。

第三十条 有关行政机关依照《个体工商户条例》第二十四条规定，通知登记机关个体工商户行政许可被撤销、吊销或者行政许可有效期届满的，登记机关应当依法撤销登记或者吊销营业执照，或者责令当事人依法办理变更登记。

第三十一条 登记机关应当依照国家工商行政管理总局有关规定，依托个体工商户登记管理数据库，利用信息化手段，开展个体工商户信用监管，促进社会信用体系建设。

第六章 登记管理信息公示、公开

第三十二条 登记机关应当在登记场所及其网站公示个体工商户登记的以下内容：

（一）登记事项；

（二）登记依据；

（三）登记条件；

（四）登记程序及期限；

（五）提交申请材料目录及申请书示范文本；

（六）登记收费标准及依据。

登记机关应申请人的要求应当就公示内容予以说明、解释。

第三十三条　公众查阅个体工商户的下列信息，登记机关应当提供：

（一）注册、变更、注销登记的相关信息；

（二）国家工商行政管理总局规定公开的其他信息。

第三十四条　个体工商户登记管理材料涉及国家秘密、商业秘密和个人隐私的，登记机关不得对外公开。

第七章　法律责任

第三十五条　个体工商户提交虚假材料骗取注册登记，或者伪造、涂改、出租、出借、转让营业执照的，由登记机关责令改正，处4000元以下的罚款；情节严重的，撤销注册登记或者吊销营业执照。

第三十六条　个体工商户登记事项变更，未办理变更登记的，由登记机关责令改正，处1500元以下的罚款；情节严重的，吊销营业执照。

第三十七条　个体工商户违反本办法第二十五条规定的，由登记机关责令限期改正；逾期未改正的，处500元以下的罚款。

第八章　附　则

第三十八条　香港特别行政区、澳门特别行政区永久性居民中的中国公民，台湾地区居民可以按照国家有关规定，申请登记为个体工商户。

第三十九条 个体工商户申请转变为企业组织形式的，登记机关应当依法为其提供继续使用原名称字号、保持工商登记档案延续性等市场主体组织形式转变方面的便利，及相关政策、法规和信息咨询服务。

第四十条 个体工商户办理注册登记、变更登记，应当缴纳登记费。

个体工商户登记收费标准，按照国家有关规定执行。

第四十一条 个体工商户的登记文书格式以及营业执照的正本、副本样式，由国家工商行政管理总局制定。

第四十二条 本办法自 2011 年 11 月 1 日起施行。1987 年 9 月 5 日国家工商行政管理局公布、1998 年 12 月 3 日国家工商行政管理局令第 86 号修订的《城乡个体工商户管理暂行条例实施细则》、2004 年 7 月 23 日国家工商行政管理总局令第 13 号公布的《个体工商户登记程序规定》同时废止。

个体工商户建账管理暂行办法

国家税务总局令
2006 年第 17 号

《个体工商户建账管理暂行办法》已经 2006 年 12 月 7 日第 4 次局务会议审议通过，现予发布，自 2007 年 1 月 1 日起施行。

国家税务总局局长
二〇〇六年十二月十五日

第一条　为了规范和加强个体工商户税收征收管理，促进个体工商户加强经济核算，根据《中华人民共和国税收征收管理法》（以下简称税收征管法）及其实施细则和《国务院关于批转国家税务总局加强个体私营经济税收征管强化查账征收工作意见的通知》，制定本办法。

第二条　凡从事生产、经营并有固定生产、经营场所的个体工商户，都应当按照法律、行政法规和本办法的规定设置、使用和保管账簿及凭证，并根据合法、有效凭证记账核算。

税务机关应同时采取有效措施，巩固已有建账成果，积极引导个体工商户建立健全账簿，正确进行核算，如实申报纳税。

第三条　符合下列情形之一的个体工商户，应当设置复式账：

（一）注册资金在 20 万元以上的。

（二）销售增值税应税劳务的纳税人或营业税纳税人月销售（营业）额在 40000 元以上；从事货物生产的增值税纳税人月销售额在 60000 元以上；从事货物批发或零售的增值税纳税人月销售额在 80000

元以上的。

（三）省级税务机关确定应设置复式账的其他情形。

第四条 符合下列情形之一的个体工商户，应当设置简易账，并积极创造条件设置复式账：

（一）注册资金在10万元以上20万元以下的。

（二）销售增值税应税劳务的纳税人或营业税纳税人月销售（营业）额在15000元至40000元；从事货物生产的增值税纳税人月销售额在30000元至60000元；从事货物批发或零售的增值税纳税人月销售额在40000元至80000元的。

（三）省级税务机关确定应当设置简易账的其他情形。

第五条 上述所称纳税人月销售额或月营业额，是指个体工商户上一个纳税年度月平均销售额或营业额；新办的个体工商户为业户预估的当年度经营期月平均销售额或营业额。

第六条 达不到上述建账标准的个体工商户，经县以上税务机关批准，可按照税收征管法的规定，建立收支凭证粘贴簿、进货销货登记簿或者使用税控装置。

第七条 达到建账标准的个体工商户，应当根据自身生产、经营情况和本办法规定的设置账簿条件，对照选择设置复式账或简易账，并报主管税务机关备案。账簿方式一经确定，在一个纳税年度内不得进行变更。

第八条 达到建账标准的个体工商户，应当自领取营业执照或者发生纳税义务之日起15日内，按照法律、行政法规和本办法的有关规定设置账簿并办理账务，不得伪造、变造或者擅自损毁账簿、记账凭证、完税凭证和其他有关资料。

第九条 设置复式账的个体工商户应按《个体工商户会计制度（试行）》的规定设置总分类账、明细分类账、日记账等，进行财务会计核算，如实记载财务收支情况。成本、费用列支和其他财务核算规定按照《个体工商户个人所得税计税办法（试行）》执行。

设置简易账的个体工商户应当设置经营收入账、经营费用账、商品（材料）购进账、库存商品（材料）盘点表和利润表，以收支方式记录、反映生产、经营情况并进行简易会计核算。

第十条 复式账簿中现金日记账，银行存款日记账和总分类账必须使用订本式，其他账簿可以根据业务的实际发生情况选用活页账簿。简易账簿均应采用订本式。

账簿和凭证应当按照发生的时间顺序填写，装订或者粘贴。

建账户对各种账簿、记账凭证、报表、完税凭证和其他有关涉税资料应当保存10年。

第十一条 设置复式账的个体工商户在办理纳税申报时，应当按照规定向当地主管税务机关报送财务会计报表和有关纳税资料。月度会计报表应当于月份终了后10日内报出，年度会计报表应当在年度终了后30日内报出。

第十二条 个体工商户可以聘请经批准从事会计代理记账业务的专业机构或者具备资质的财会人员代为建账和办理账务。

第十三条 按照税务机关规定的要求使用税控收款机的个体工商户，其税控收款机输出的完整的书面记录，可以视同经营收入账。

第十四条 税务机关对建账户采用查账征收方式征收税款。建账初期，也可以采用查账征收与定期定额征收相结合的方式征收税款。

第十五条 按照建账户流转税征收权的归属划分建账管辖权，即以缴纳增值税、消费税为主的个体工商户，由国家税务局负责督促建账和管理；以缴纳营业税为主的个体工商户，由地方税务局负责督促建账和管理。

第十六条 依照本办法规定应当设置账簿的个体工商户，具有税收征管法第三十五条第一款第二项至第六项情形之一的，税务机关有权根据税收征管法实施细则第四十七条规定的方法核定其应纳税额。

第十七条 依照本办法规定应当设置账簿的个体工商户违反有关法律、行政法规和本办法关于账簿设置、使用和保管规定的，由国家税务局、地方税务局按照税收征管法的有关规定进行处理。但对于个体工商户的同一违法行为，国家税务局与地方税务局不得重复处罚。

第十八条 个体工商户建账工作中所涉及的有关账簿、凭证、表格，按照有关规定办理。

第十九条 本办法所称"以上"均含本数。

第二十条 各省、自治区、直辖市和计划单列市国家税务局、地方税务局可根据本办法制定具体实施办法，并报国家税务总局备案。

第二十一条 本办法自2007年1月1日起施行。1997年6月19日国家税务总局发布的《个体工商户建账管理暂行办法》同时废止。

个体工商户年度报告暂行办法

国家工商行政管理总局令

第 69 号

《个体工商户年度报告暂行办法》已经国家工商行政管理总局局务会议审议通过，现予公布，自 2014 年 10 月 1 日起施行。

国家工商行政管理总局局长
2014 年 8 月 19 日

第一条 为规范个体工商户年度报告，依据《个体工商户条例》、《企业信息公示暂行条例》、《注册资本登记制度改革方案》等行政法规和国务院有关规定，制定本办法。

第二条 个体工商户年度报告的报送、公示适用本办法。

第三条 个体工商户应当于每年 1 月 1 日至 6 月 30 日，通过企业信用信息公示系统或者直接向负责其登记的工商行政管理部门报送上一年度年度报告。

当年开业登记的个体工商户，自下一年起报送。

第四条 县、自治县、不设区的市、市辖区工商行政管理部门负责其登记的个体工商户的年度报告相关工作。

县、自治县、不设区的市、市辖区工商行政管理部门可以委托个体工商户经营场所所在地的工商行政管理所开展其登记的个体工商户的年度报告相关工作。

第五条 个体工商户可以通过企业信用信息公示系统或者以纸质方式报送年度报告。

通过企业信用信息公示系统报送的电子报告与向工商行政管理部门直接报送的纸质报告具有同等法律效力。

第六条 个体工商户的年度报告包括下列内容：

（一）行政许可取得和变动信息；

（二）生产经营信息；

（三）开设的网站或者从事网络经营的网店的名称、网址等信息；

（四）联系方式等信息；

（五）国家工商行政管理总局要求报送的其他信息。

第七条 个体工商户对其年度报告内容的真实性、及时性负责。

第八条 个体工商户可以自主选择其年度报告内容是否公示。个体工商户选择公示年度报告的，应当通过企业信用信息公示系统报送年度报告并公示。

第九条 个体工商户发现其公示的年度报告内容不准确的，应当及时更正，更正应当在每年6月30日之前完成。更正前后内容同时公示。

第十条 个体工商户决定不公示年度报告内容的，应当向负责其登记的工商行政管理部门报送纸质年度报告。工商行政管理部门应当自收到纸质年度报告之日起10个工作日内通过企业信用信息公示系统公示该个体工商户已经报送年度报告。

第十一条 省、自治区、直辖市工商行政管理局应当组织对个体工商户年度报告内容进行随机抽查。

抽查的个体工商户名单和抽查结果应当通过企业信用信息公示系统公示。

个体工商户年度报告的抽查比例、抽查方式和抽查程序参照《企业公示信息抽查暂行办法》有关规定执行。

第十二条 公民、法人或者其他组织发现个体工商户公示的信息隐瞒真实情况、弄虚作假的，可以向工商行政管理部门举报。工商行政管理部门应当自收到举报材料之日起20个工作日内进行核查，予以处理，处理结果应当书面告知举报人。

第十三条 个体工商户未按照本办法规定报送年度报告的，工商行政管理部门应当在当年年度报告结束之日起10个工作日内将其标记为经营异常状态，并于本年度7月1日至下一年度6月30日通过企业信用信息公示系统向社会公示。

第十四条 个体工商户年度报告隐瞒真实情况、弄虚作假的，工商行政管理部门应当自查实之日起10个工作日内将其标记为经营异常状态，并通过企业信用信息公示系统向社会公示。

第十五条 工商行政管理部门在依法履职过程中通过登记的经营场所或者经营者住所无法与个体工商户取得联系的，应当自查实之日起10个工作日内将其标记为经营异常状态，并通过企业信用信息公示系统向社会公示。

第十六条 依照本办法第十三条规定被标记为经营异常状态的个体工商户，可以向工商行政管理部门补报纸质年度报告并申请恢复正常记载状态。工商行政管理部门应当自收到申请之日起5个工作日内恢复其正常记载状态。

第十七条 依照本办法第十四条规定被标记为经营异常状态的个体工商户，可以向工商行政管理部门报送更正后的纸质年度报告并申请恢复正常记载状态。工商行政管理部门应当自查实之日起5个工作日内恢复其正常记载状态。

第十八条 依照本办法第十五条规定被标记为经营异常状态的个体工商户，依法办理经营场所、经营者住所变更登记，或者提出通过登记的经营场所或者经营者住所可以重新取得联系，申请恢复正常记载状态的，工商行政管理部门自查实之日起5个工作日内恢复其正常记载状态。

第十九条 个体工商户对其被标记为经营异常状态有异议的，可以自公示之日起30日内向作出决定的工商行政管理部门提出书面申请并提交相关证明材料，工商行政管理部门应当在5个工作日内决定是否受理。予以受理的，应当在 20 个工作日内核实，并将核实结果书面告知申请人；不予受理的，将不予受理的理由书面告知申请人。

工商行政管理部门通过核实发现将个体工商户标记为经营异常状态存在错误的，应当自查实之日起 5 个工作日内予以更正。

第二十条 个体工商户对被标记为经营异常状态可以依法申请行政复议或者提起行政诉讼。

第二十一条 工商行政管理部门未依照本办法的有关规定履行职责的，由上一级工商行政管理部门责令改正；情节严重的，对负有责任的主管人员和其他直接责任人员依照有关规定予以处理。

第二十二条 个体工商户年度报告相关文书样式，由国家工商行政管理总局统一制定。

第二十三条 本办法由国家工商行政管理总局负责解释。

第二十四条 本办法自 2014 年 10 月 1 日起施行。2008 年 9 月 1 日国家工商行政管理总局令第 33 号公布的《个体工商户验照办法》同时废止。

中华人民共和国合伙企业法

中华人民共和国主席令

第五十五号

《中华人民共和国合伙企业法》已由中华人民共和国第十届全国人民代表大会常务委员会第二十三次会议于2006年8月27日修订通过，现将修订后的《中华人民共和国合伙企业法》公布，自2007年6月1日起施行。

中华人民共和国主席 胡锦涛

2006年8月27日

(1997年2月23日第八届全国人民代表大会常务委员会第二十四次会议通过；根据2006年8月27日第十届全国人民代表大会常务委员会第二十三次会议修订)

第一章 总 则

第一条 为了规范合伙企业的行为，保护合伙企业及其合伙人、债权人的合法权益，维护社会经济秩序，促进社会主义市场经济的发展,制定本法。

第二条 本法所称合伙企业,是指自然人、法人和其他组织依照本法在中国境内设立的普通合伙企业和有限合伙企业。

普通合伙企业由普通合伙人组成,合伙人对合伙企业债务承担无限连带责任。本法对普通合伙人承担责任的形式有特别规定的,从其规定。

有限合伙企业由普通合伙人和有限合伙人组成,普通合伙人对合伙企业债务承担无限连带责任,有限合伙人以其认缴的出资额为限对合伙企业债务承担责任。

第三条 国有独资公司、国有企业、上市公司以及公益性的事业单位、社会团体不得成为普通合伙人。

第四条 合伙协议依法由全体合伙人协商一致、以书面形式订立。

第五条 订立合伙协议、设立合伙企业,应当遵循自愿、平等、公平、诚实信用原则。

第六条 合伙企业的生产经营所得和其他所得,按照国家有关税收规定,由合伙人分别缴纳所得税。

第七条 合伙企业及其合伙人必须遵守法律、行政法规,遵守社会公德、商业道德,承担社会责任。

第八条 合伙企业及其合伙人的合法财产及其权益受法律保护。

第九条 申请设立合伙企业,应当向企业登记机关提交登记申请书、合伙协议书、合伙人身份证明等文件。

合伙企业的经营范围中有属于法律、行政法规规定在登记前须经批准的项目的,该项经营业务应当依法经过批准,并在登记时提交批准文件。

第十条 申请人提交的登记申请材料齐全、符合法定形式,企业登记机关能够当场登记的,应予当场登记,发给营业执照。

除前款规定情形外,企业登记机关应当自受理申请之日起二十日内,作出是否登记的决定。予以登记的,发给营业执照;不予登记的,应当给予书面答复,并说明理由。

第十一条　合伙企业的营业执照签发日期,为合伙企业成立日期。

合伙企业领取营业执照前,合伙人不得以合伙企业名义从事合伙业务。

第十二条　合伙企业设立分支机构,应当向分支机构所在地的企业登记机关申请登记,领取营业执照。

第十三条　合伙企业登记事项发生变更的,执行合伙事务的合伙人应当自作出变更决定或者发生变更事由之日起十五日内,向企业登记机关申请办理变更登记。

第二章　普通合伙企业

第一节　合伙企业设立

第十四条　设立合伙企业,应当具备下列条件:

(一) 有二个以上合伙人。合伙人为自然人的,应当具有完全民事行为能力;

(二) 有书面合伙协议;

(三) 有合伙人认缴或者实际缴付的出资;

(四) 有合伙企业的名称和生产经营场所;

(五) 法律、行政法规规定的其他条件。

第十五条　合伙企业名称中应当标明"普通合伙"字样。

第十六条　合伙人可以用货币、实物、知识产权、土地使用权或者其他财产权利出资,也可以用劳务出资。

合伙人以实物、知识产权、土地使用权或者其他财产权利出资,需要评估作价的,可以由全体合伙人协商确定,也可以由全体合伙人委托法定评估机构评估。

合伙人以劳务出资的,其评估办法由全体合伙人协商确定,并在合伙协议中载明。

第十七条　合伙人应当按照合伙协议约定的出资方式、数额和缴付期限，履行出资义务。

以非货币财产出资的，依照法律、行政法规的规定，需要办理财产权转移手续的，应当依法办理。

第十八条　合伙协议应当载明下列事项：

（一）合伙企业的名称和主要经营场所的地点；

（二）合伙目的和合伙经营范围；

（三）合伙人的姓名或者名称、住所；

（四）合伙人的出资方式、数额和缴付期限；

（五）利润分配、亏损分担方式；

（六）合伙事务的执行；

（七）入伙与退伙；

（八）争议解决办法；

（九）合伙企业的解散与清算；

（十）违约责任。

第十九条　合伙协议经全体合伙人签名、盖章后生效。合伙人按照合伙协议享有权利，履行义务。

修改或者补充合伙协议，应当经全体合伙人一致同意；但是，合伙协议另有约定的除外。

合伙协议未约定或者约定不明确的事项，由合伙人协商决定；协商不成的，依照本法和其他有关法律、行政法规的规定处理。

第二节　合伙企业财产

第二十条　合伙人的出资、以合伙企业名义取得的收益和依法取得的其他财产，均为合伙企业的财产。

第二十一条　合伙人在合伙企业清算前，不得请求分割合伙企业的财产；但是，本法另有规定的除外。

合伙人在合伙企业清算前私自转移或者处分合伙企业财产的，合伙企业不得以此对抗善意第三人。

第二十二条 除合伙协议另有约定外，合伙人向合伙人以外的人转让其在合伙企业中的全部或者部分财产份额时，须经其他合伙人一致同意。

合伙人之间转让在合伙企业中的全部或者部分财产份额时，应当通知其他合伙人。

第二十三条 合伙人向合伙人以外的人转让其在合伙企业中的财产份额的，在同等条件下，其他合伙人有优先购买权；但是，合伙协议另有约定的除外。

第二十四条 合伙人以外的人依法受让合伙人在合伙企业中的财产份额的，经修改合伙协议即成为合伙企业的合伙人，依照本法和修改后的合伙协议享有权利，履行义务。

第二十五条 合伙人以其在合伙企业中的财产份额出质的，须经其他合伙人一致同意；未经其他合伙人一致同意，其行为无效，由此给善意第三人造成损失的，由行为人依法承担赔偿责任。

第三节　合伙事务执行

第二十六条 合伙人对执行合伙事务享有同等的权利。

按照合伙协议的约定或者经全体合伙人决定，可以委托一个或者数个合伙人对外代表合伙企业，执行合伙事务。

作为合伙人的法人、其他组织执行合伙事务的，由其委派的代表执行。

第二十七条 依照本法第二十六条第二款规定委托一个或者数个合伙人执行合伙事务的，其他合伙人不再执行合伙事务。

不执行合伙事务的合伙人有权监督执行事务合伙人执行合伙事务的情况。

第二十八条 由一个或者数个合伙人执行合伙事务的，执行事务合伙人应当定期向其他合伙人报告事务执行情况以及合伙企业的经营和财务状况,其执行合伙事务所产生的收益归合伙企业,所产生的费用和亏损由合伙企业承担。

合伙人为了解合伙企业的经营状况和财务状况,有权查阅合伙企业会计账簿等财务资料。

第二十九条　合伙人分别执行合伙事务的,执行事务合伙人可以对其他合伙人执行的事务提出异议。提出异议时,应当暂停该项事务的执行。如果发生争议,依照本法第三十条规定作出决定。

受委托执行合伙事务的合伙人不按照合伙协议或者全体合伙人的决定执行事务的,其他合伙人可以决定撤销该委托。

第三十条　合伙人对合伙企业有关事项作出决议,按照合伙协议约定的表决办法办理。合伙协议未约定或者约定不明确的,实行合伙人一人一票并经全体合伙人过半数通过的表决办法。

本法对合伙企业的表决办法另有规定的,从其规定。

第三十一条　除合伙协议另有约定外,合伙企业的下列事项应当经全体合伙人一致同意:

(一) 改变合伙企业的名称;

(二) 改变合伙企业的经营范围、主要经营场所的地点;

(三) 处分合伙企业的不动产;

(四) 转让或者处分合伙企业的知识产权和其他财产权利;

(五) 以合伙企业名义为他人提供担保;

(六) 聘任合伙人以外的人担任合伙企业的经营管理人员。

第三十二条　合伙人不得自营或者同他人合作经营与本合伙企业相竞争的业务。

除合伙协议另有约定或者经全体合伙人一致同意外,合伙人不得同本合伙企业进行交易。

合伙人不得从事损害本合伙企业利益的活动。

第三十三条　合伙企业的利润分配、亏损分担,按照合伙协议的约定办理;合伙协议未约定或者约定不明确的,由合伙人协商决定;

协商不成的，由合伙人按照实缴出资比例分配、分担；无法确定出资比例的，由合伙人平均分配、分担。

合伙协议不得约定将全部利润分配给部分合伙人或者由部分合伙人承担全部亏损。

第三十四条 合伙人按照合伙协议的约定或者经全体合伙人决定，可以增加或者减少对合伙企业的出资。

第三十五条 被聘任的合伙企业的经营管理人员应当在合伙企业授权范围内履行职务。

被聘任的合伙企业的经营管理人员，超越合伙企业授权范围履行职务，或者在履行职务过程中因故意或者重大过失给合伙企业造成损失的，依法承担赔偿责任。

第三十六条 合伙企业应当依照法律、行政法规的规定建立企业财务、会计制度。

第四节 合伙企业与第三人关系

第三十七条 合伙企业对合伙人执行合伙事务以及对外代表合伙企业权利的限制，不得对抗善意第三人。

第三十八条 合伙企业对其债务，应先以其全部财产进行清偿。

第三十九条 合伙企业不能清偿到期债务的，合伙人承担无限连带责任。

第四十条 合伙人由于承担无限连带责任，清偿数额超过本法第三十三条第一款规定的其亏损分担比例的，有权向其他合伙人追偿。

第四十一条 合伙人发生与合伙企业无关的债务，相关债权人不得以其债权抵销其对合伙企业的债务；也不得代位行使合伙人在合伙企业中的权利。

第四十二条 合伙人的自有财产不足清偿其与合伙企业无关的债务的，该合伙人可以以其从合伙企业中分取的收益用于清偿；债权人也可以依法请求人民法院强制执行该合伙人在合伙企业中的财产份额用于清偿。

人民法院强制执行合伙人的财产份额时，应当通知全体合伙人，其他合伙人有优先购买权；其他合伙人未购买，又不同意将该财产份额转让给他人的，依照本法第五十一条的规定为该合伙人办理退伙结算，或者办理削减该合伙人相应财产份额的结算。

第五节 入伙、退伙

第四十三条 新合伙人入伙，除合伙协议另有约定外，应当经全体合伙人一致同意，并依法订立书面入伙协议。

订立入伙协议时，原合伙人应当向新合伙人如实告知原合伙企业的经营状况和财务状况。

第四十四条 入伙的新合伙人与原合伙人享有同等权利，承担同等责任。入伙协议另有约定的，从其约定。

新合伙人对入伙前合伙企业的债务承担无限连带责任。

第四十五条 合伙协议约定合伙期限的，在合伙企业存续期间，有下列情形之一的，合伙人可以退伙：

（一）合伙协议约定的退伙事由出现；

（二）经全体合伙人一致同意；

（三）发生合伙人难以继续参加合伙的事由；

（四）其他合伙人严重违反合伙协议约定的义务。

第四十六条 合伙协议未约定合伙期限的，合伙人在不给合伙企业事务执行造成不利影响的情况下，可以退伙，但应当提前三十日通知其他合伙人。

第四十七条 合伙人违反本法第四十五条、第四十六条的规定退伙的，应当赔偿由此给合伙企业造成的损失。

第四十八条 合伙人有下列情形之一的，当然退伙：

（一）作为合伙人的自然人死亡或者被依法宣告死亡；

（二）个人丧失偿债能力；

（三）作为合伙人的法人或者其他组织依法被吊销营业执照、责令关闭撤销，或者被宣告破产；

（四）法律规定或者合伙协议约定合伙人必须具有相关资格而丧失该资格；

（五）合伙人在合伙企业中的全部财产份额被人民法院强制执行。

合伙人被依法认定为无民事行为能力人或者限制民事行为能力人的，经其他合伙人一致同意，可以依法转为有限合伙人，普通合伙企业依法转为有限合伙企业。其他合伙人未能一致同意的，该无民事行为能力或者限制民事行为能力的合伙人退伙。

退伙事由实际发生之日为退伙生效日。

第四十九条 合伙人有下列情形之一的，经其他合伙人一致同意，可以决议将其除名：

（一）未履行出资义务；

（二）因故意或者重大过失给合伙企业造成损失；

（三）执行合伙事务时有不正当行为；

（四）发生合伙协议约定的事由。

对合伙人的除名决议应当书面通知被除名人。被除名人接到除名通知之日，除名生效，被除名人退伙。

被除名人对除名决议有异议的，可以自接到除名通知之日起三十日内，向人民法院起诉。

第五十条 合伙人死亡或者被依法宣告死亡的，对该合伙人在合伙企业中的财产份额享有合法继承权的继承人，按照合伙协议的约定或者经全体合伙人一致同意，从继承开始之日起，取得该合伙企业的合伙人资格。

有下列情形之一的，合伙企业应当向合伙人的继承人退还被继承合伙人的财产份额：

（一）继承人不愿意成为合伙人；

（二）法律规定或者合伙协议约定合伙人必须具有相关资格，而该继承人未取得该资格；

（三）合伙协议约定不能成为合伙人的其他情形。

合伙人的继承人为无民事行为能力人或者限制民事行为能力人的，经全体合伙人一致同意，可以依法成为有限合伙人，普通合伙企业依法转为有限合伙企业。全体合伙人未能一致同意的，合伙企业应当将被继承合伙人的财产份额退还该继承人。

第五十一条 合伙人退伙，其他合伙人应当与该退伙人按照退伙时的合伙企业财产状况进行结算，退还退伙人的财产份额。退伙人对给合伙企业造成的损失负有赔偿责任的，相应扣减其应当赔偿的数额。

退伙时有未了结的合伙企业事务的，待该事务了结后进行结算。

第五十二条 退伙人在合伙企业中财产份额的退还办法，由合伙协议约定或者由全体合伙人决定，可以退还货币，也可以退还实物。

第五十三条 退伙人对基于其退伙前的原因发生的合伙企业债务，承担无限连带责任。

第五十四条 合伙人退伙时，合伙企业财产少于合伙企业债务的，退伙人应当依照本法第三十三条第一款的规定分担亏损。

第六节 特殊的普通合伙企业

第五十五条 以专业知识和专门技能为客户提供有偿服务的专业服务机构，可以设立为特殊的普通合伙企业。

特殊的普通合伙企业是指合伙人依照本法第五十七条的规定承担责任的普通合伙企业。

特殊的普通合伙企业适用本节规定；本节未作规定的，适用本章第一节至第五节的规定。

第五十六条 特殊的普通合伙企业名称中应当标明"特殊普通合

伙"字样。

第五十七条 一个合伙人或者数个合伙人在执业活动中因故意或者重大过失造成合伙企业债务的，应当承担无限责任或者无限连带责任，其他合伙人以其在合伙企业中的财产份额为限承担责任。

合伙人在执业活动中非因故意或者重大过失造成的合伙企业债务以及合伙企业的其他债务，由全体合伙人承担无限连带责任。

第五十八条 合伙人执业活动中因故意或者重大过失造成的合伙企业债务，以合伙企业财产对外承担责任后，该合伙人应当按照合伙协议的约定对给合伙企业造成的损失承担赔偿责任。

第五十九条 特殊的普通合伙企业应当建立执业风险基金、办理职业保险。

执业风险基金用于偿付合伙人执业活动造成的债务。执业风险基金应当单独立户管理。具体管理办法由国务院规定。

第三章 有限合伙企业

第六十条 有限合伙企业及其合伙人适用本章规定；本章未作规定的，适用本法第二章第一节至第五节关于普通合伙企业及其合伙人的规定。

第六十一条 有限合伙企业由二个以上五十个以下合伙人设立；但是，法律另有规定的除外。

有限合伙企业至少应当有一个普通合伙人。

第六十二条 有限合伙企业名称中应当标明"有限合伙"字样。

第六十三条 合伙协议除符合本法第十八条的规定外，还应当载明下列事项：

（一）普通合伙人和有限合伙人的姓名或者名称、住所；

（二）执行事务合伙人应具备的条件和选择程序；

（三）执行事务合伙人权限与违约处理办法；

（四）执行事务合伙人的除名条件和更换程序；

（五）有限合伙人入伙、退伙的条件、程序以及相关责任；

（六）有限合伙人和普通合伙人相互转变程序。

第六十四条 有限合伙人可以用货币、实物、知识产权、土地使用权或者其他财产权利作价出资。

有限合伙人不得以劳务出资。

第六十五条 有限合伙人应当按照合伙协议的约定按期足额缴纳出资；未按期足额缴纳的，应当承担补缴义务，并对其他合伙人承担违约责任。

第六十六条 有限合伙企业登记事项中应当载明有限合伙人的姓名或者名称及认缴的出资数额。

第六十七条 有限合伙企业由普通合伙人执行合伙事务。执行事务合伙人可以要求在合伙协议中确定执行事务的报酬及报酬提取方式。

第六十八条 有限合伙人不执行合伙事务，不得对外代表有限合伙企业。

有限合伙人的下列行为，不视为执行合伙事务：

（一）参与决定普通合伙人入伙、退伙；

（二）对企业的经营管理提出建议；

（三）参与选择承办有限合伙企业审计业务的会计师事务所；

（四）获取经审计的有限合伙企业财务会计报告；

（五）对涉及自身利益的情况，查阅有限合伙企业财务会计账簿等财务资料；

（六）在有限合伙企业中的利益受到侵害时，向有责任的合伙人主张权利或者提起诉讼；

（七）执行事务合伙人怠于行使权利时，督促其行使权利或者为了本企业的利益以自己的名义提起诉讼；

（八）依法为本企业提供担保。

第六十九条　有限合伙企业不得将全部利润分配给部分合伙人；但是，合伙协议另有约定的除外。

第七十条　有限合伙人可以同本有限合伙企业进行交易；但是，合伙协议另有约定的除外。

第七十一条　有限合伙人可以自营或者同他人合作经营与本有限合伙企业相竞争的业务；但是，合伙协议另有约定的除外。

第七十二条　有限合伙人可以将其在有限合伙企业中的财产份额出质；但是，合伙协议另有约定的除外。

第七十三条　有限合伙人可以按照合伙协议的约定向合伙人以外的人转让其在有限合伙企业中的财产份额，但应当提前三十日通知其他合伙人。

第七十四条　有限合伙人的自有财产不足清偿其与合伙企业无关的债务的，该合伙人可以以其从有限合伙企业中分取的收益用于清偿；债权人也可以依法请求人民法院强制执行该合伙人在有限合伙企业中的财产份额用于清偿。

人民法院强制执行有限合伙人的财产份额时，应当通知全体合伙人。在同等条件下，其他合伙人有优先购买权。

第七十五条　有限合伙企业仅剩有限合伙人的，应当解散；有限合伙企业仅剩普通合伙人的，转为普通合伙企业。

第七十六条　第三人有理由相信有限合伙人为普通合伙人并与其交易的，该有限合伙人对该笔交易承担与普通合伙人同样的责任。

有限合伙人未经授权以有限合伙企业名义与他人进行交易，给有限合伙企业或者其他合伙人造成损失的，该有限合伙人应当承担赔偿责任。

第七十七条　新入伙的有限合伙人对入伙前有限合伙企业的债务，以其认缴的出资额为限承担责任。

第七十八条　有限合伙人有本法第四十八条第一款第一项、第三项至第五项所列情形之一的，当然退伙。

第七十九条 作为有限合伙人的自然人在有限合伙企业存续期间丧失民事行为能力的,其他合伙人不得因此要求其退伙。

第八十条 作为有限合伙人的自然人死亡、被依法宣告死亡或者作为有限合伙人的法人及其他组织终止时,其继承人或者权利承受人可以依法取得该有限合伙人在有限合伙企业中的资格。

第八十一条 有限合伙人退伙后,对基于其退伙前的原因发生的有限合伙企业债务,以其退伙时从有限合伙企业中取回的财产承担责任。

第八十二条 除合伙协议另有约定外,普通合伙人转变为有限合伙人,或者有限合伙人转变为普通合伙人,应当经全体合伙人一致同意。

第八十三条 有限合伙人转变为普通合伙人的,对其作为有限合伙人期间有限合伙企业发生的债务承担无限连带责任。

第八十四条 普通合伙人转变为有限合伙人的,对其作为普通合伙人期间合伙企业发生的债务承担无限连带责任。

第四章 合伙企业解散、清算

第八十五条 合伙企业有下列情形之一的,应当解散:
(一) 合伙期限届满,合伙人决定不再经营;
(二) 合伙协议约定的解散事由出现;
(三) 全体合伙人决定解散;
(四) 合伙人已不具备法定人数满三十天;
(五) 合伙协议约定的合伙目的已经实现或者无法实现;
(六) 依法被吊销营业执照、责令关闭或者被撤销;
(七) 法律、行政法规规定的其他原因。

第八十六条 合伙企业解散,应当由清算人进行清算。

清算人由全体合伙人担任;经全体合伙人过半数同意,可以自合伙企业解散事由出现后十五日内指定一个或者数个合伙人，或者委托第三人，担任清算人。

自合伙企业解散事由出现之日起十五日内未确定清算人的，合伙人或者其他利害关系人可以申请人民法院指定清算人。

第八十七条 清算人在清算期间执行下列事务：

（一）清理合伙企业财产，分别编制资产负债表和财产清单；

（二）处理与清算有关的合伙企业未了结事务；

（三）清缴所欠税款；

（四）清理债权、债务；

（五）处理合伙企业清偿债务后的剩余财产；

（六）代表合伙企业参加诉讼或者仲裁活动。

第八十八条 清算人自被确定之日起十日内将合伙企业解散事项通知债权人，并于六十日内在报纸上公告。债权人应当自接到通知书之日起三十日内，未接到通知书的自公告之日起四十五日内，向清算人申报债权。

债权人申报债权，应当说明债权的有关事项，并提供证明材料。清算人应当对债权进行登记。

清算期间，合伙企业存续，但不得开展与清算无关的经营活动。

第八十九条 合伙企业财产在支付清算费用和职工工资、社会保险费用、法定补偿金以及缴纳所欠税款、清偿债务后的剩余财产，依照本法第三十三条第一款的规定进行分配。

第九十条 清算结束，清算人应当编制清算报告，经全体合伙人签名、盖章后，在十五日内向企业登记机关报送清算报告，申请办理合伙企业注销登记。

第九十一条 合伙企业注销后，原普通合伙人对合伙企业存续期间的债务仍应承担无限连带责任。

第九十二条 合伙企业不能清偿到期债务的，债权人可以依法向人民法院提出破产清算申请，也可以要求普通合伙人清偿。

合伙企业依法被宣告破产的，普通合伙人对合伙企业债务仍应承担无限连带责任。

第五章　法律责任

第九十三条　违反本法规定，提交虚假文件或者采取其他欺骗手段，取得合伙企业登记的，由企业登记机关责令改正，处以五千元以上五万元以下的罚款；情节严重的，撤销企业登记，并处以五万元以上二十万元以下的罚款。

第九十四条　违反本法规定，合伙企业未在其名称中标明"普通合伙"、"特殊普通合伙"或者"有限合伙"字样的，由企业登记机关责令限期改正，处以二千元以上一万元以下的罚款。

第九十五条　违反本法规定，未领取营业执照，而以合伙企业或者合伙企业分支机构名义从事合伙业务的，由企业登记机关责令停止，处以五千元以上五万元以下的罚款。

合伙企业登记事项发生变更时，未依照本法规定办理变更登记的，由企业登记机关责令限期登记；逾期不登记的，处以二千元以上二万元以下的罚款。

合伙企业登记事项发生变更，执行合伙事务的合伙人未按期申请办理变更登记的，应当赔偿由此给合伙企业、其他合伙人或者善意第三人造成的损失。

第九十六条　合伙人执行合伙事务，或者合伙企业从业人员利用职务上的便利，将应当归合伙企业的利益据为己有的，或者采取其他手段侵占合伙企业财产的，应当将该利益和财产退还合伙企业；给合伙企业或者其他合伙人造成损失的，依法承担赔偿责任。

第九十七条　合伙人对本法规定或者合伙协议约定必须经全体合伙人一致同意始得执行的事务擅自处理，给合伙企业或者其他合伙人造成损失的，依法承担赔偿责任。

第九十八条 不具有事务执行权的合伙人擅自执行合伙事务,给合伙企业或者其他合伙人造成损失的,依法承担赔偿责任。

第九十九条 合伙人违反本法规定或者合伙协议的约定,从事与本合伙企业相竞争的业务或者与本合伙企业进行交易的,该收益归合伙企业所有;给合伙企业或者其他合伙人造成损失的,依法承担赔偿责任。

第一百条 清算人未依照本法规定向企业登记机关报送清算报告,或者报送清算报告隐瞒重要事实,或者有重大遗漏的,由企业登记机关责令改正。由此产生的费用和损失,由清算人承担和赔偿。

第一百零一条 清算人执行清算事务,牟取非法收入或者侵占合伙企业财产的,应当将该收入和侵占的财产退还合伙企业;给合伙企业或者其他合伙人造成损失的,依法承担赔偿责任。

第一百零二条 清算人违反本法规定,隐匿、转移合伙企业财产,对资产负债表或者财产清单作虚假记载,或者在未清偿债务前分配财产,损害债权人利益的,依法承担赔偿责任。

第一百零三条 合伙人违反合伙协议的,应当依法承担违约责任。

合伙人履行合伙协议发生争议的,合伙人可以通过协商或者调解解决。不愿通过协商、调解解决或者协商、调解不成的,可以按照合伙协议约定的仲裁条款或者事后达成的书面仲裁协议,向仲裁机构申请仲裁。合伙协议中未订立仲裁条款,事后又没有达成书面仲裁协议的,可以向人民法院起诉。

第一百零四条 有关行政管理机关的工作人员违反本法规定,滥用职权、徇私舞弊、收受贿赂、侵害合伙企业合法权益的,依法给予行政处分。

第一百零五条 违反本法规定,构成犯罪的,依法追究刑事责任。

第一百零六条 违反本法规定,应当承担民事赔偿责任和缴纳罚款、罚金,其财产不足以同时支付的,先承担民事赔偿责任。

第六章 附 则

第一百零七条 非企业专业服务机构依据有关法律采取合伙制的，其合伙人承担责任的形式可以适用本法关于特殊的普通合伙企业合伙人承担责任的规定。

第一百零八条 外国企业或者个人在中国境内设立合伙企业的管理办法由国务院规定。

第一百零九条 本法自2007年6月1日起施行。

附 录

中华人民共和国合伙企业登记管理办法

中华人民共和国国务院令

第 648 号

现公布《国务院关于废止和修改部分行政法规的决定》，自 2014 年 3 月 1 日起施行。

总理 李克强

2014 年 2 月 19 日

（1997 年 11 月 19 日中华人民共和国国务院令第 236 号发布；根据 2007 年 5 月 9 日国务院令第 497 号修订；根据 2014 年 2 月 19 日国务院令第 648 号修订）

第一章 总 则

第一条 为了确认合伙企业的经营资格，规范合伙企业登记行为，依据《中华人民共和国合伙企业法》（以下简称合伙企业法），制定本办法。

第二条 合伙企业的设立、变更、注销，应当依照合伙企业法和本办法的规定办理企业登记。

申请办理合伙企业登记，申请人应当对申请材料的真实性负责。

第三条 合伙企业经依法登记,领取合伙企业营业执照后,方可从事经营活动。

第四条 工商行政管理部门是合伙企业登记机关(以下简称企业登记机关)。

国务院工商行政管理部门负责全国的合伙企业登记管理工作。

市、县工商行政管理部门负责本辖区内的合伙企业登记。

国务院工商行政管理部门对特殊的普通合伙企业和有限合伙企业的登记管辖可以作出特别规定。

法律、行政法规对合伙企业登记管辖另有规定的,从其规定。

第二章 设立登记

第五条 设立合伙企业,应当具备合伙企业法规定的条件。

第六条 合伙企业的登记事项应当包括:

(一)名称;

(二)主要经营场所;

(三)执行事务合伙人;

(四)经营范围;

(五)合伙企业类型;

(六)合伙人姓名或者名称及住所、承担责任方式、认缴或者实际缴付的出资数额、缴付期限、出资方式和评估方式。

合伙协议约定合伙期限的,登记事项还应当包括合伙期限。

执行事务合伙人是法人或者其他组织的,登记事项还应当包括法人或者其他组织委派的代表(以下简称委派代表)。

第七条 合伙企业名称中的组织形式后应当标明"普通合伙"、"特殊普通合伙"或者"有限合伙"字样,并符合国家有关企业名称登记管理的规定。

第八条 经企业登记机关登记的合伙企业主要经营场所只能有一个,并且应当在其企业登记机关登记管辖区域内。

第九条 合伙协议未约定或者全体合伙人未决定委托执行事务合伙人的,全体合伙人均为执行事务合伙人。

有限合伙人不得成为执行事务合伙人。

第十条 合伙企业类型包括普通合伙企业(含特殊的普通合伙企业)和有限合伙企业。

第十一条 设立合伙企业,应当由全体合伙人指定的代表或者共同委托的代理人向企业登记机关申请设立登记。

申请设立合伙企业,应当向企业登记机关提交下列文件:

(一)全体合伙人签署的设立登记申请书;

(二)全体合伙人的身份证明;

(三)全体合伙人指定代表或者共同委托代理人的委托书;

(四)合伙协议;

(五)全体合伙人对各合伙人认缴或者实际缴付出资的确认书;

(六)主要经营场所证明;

(七)国务院工商行政管理部门规定提交的其他文件。

法律、行政法规或者国务院规定设立合伙企业须经批准的,还应当提交有关批准文件。

第十二条 合伙企业的经营范围中有属于法律、行政法规或者国务院规定在登记前须经批准的项目的,应当向企业登记机关提交批准文件。

第十三条 全体合伙人决定委托执行事务合伙人的,应当向企业登记机关提交全体合伙人的委托书。执行事务合伙人是法人或者其他组织的,还应当提交其委派代表的委托书和身份证明。

第十四条 以实物、知识产权、土地使用权或者其他财产权利出资,由全体合伙人协商作价的,应当向企业登记机关提交全体合伙人签署的协商作价确认书;由全体合伙人委托法定评估机构评估作价的,应当向企业登记机关提交法定评估机构出具的评估作价证明。

第十五条 法律、行政法规规定设立特殊的普通合伙企业,需要提交合伙人的职业资格证明的,应当向企业登记机关提交有关证明。

第十六条 申请人提交的登记申请材料齐全、符合法定形式,企业登记机关能够当场登记的,应予当场登记,发给合伙企业营业执照。

除前款规定情形外,企业登记机关应当自受理申请之日起 20 日内,作出是否登记的决定。予以登记的,发给合伙企业营业执照;不予登记的,应当给予书面答复,并说明理由。

第十七条 合伙企业营业执照的签发之日,为合伙企业的成立日期。

第三章 变更登记

第十八条 合伙企业登记事项发生变更的,执行合伙事务的合伙人应当自作出变更决定或者发生变更事由之日起 15 日内,向原企业登记机关申请变更登记。

第十九条 合伙企业申请变更登记,应当向原企业登记机关提交下列文件:

(一)执行事务合伙人或者委派代表签署的变更登记申请书;

(二)全体合伙人签署的变更决定书,或者合伙协议约定的人员签署的变更决定书;

(三)国务院工商行政管理部门规定提交的其他文件。

法律、行政法规或者国务院规定变更事项须经批准的,还应当提交有关批准文件。

第二十条 申请人提交的申请材料齐全、符合法定形式,企业登记机关能够当场变更登记的,应予当场变更登记。

除前款规定情形外,企业登记机关应当自受理申请之日起 20 日内,作出是否变更登记的决定。予以变更登记的,应当进行变更登记;不予变更登记的,应当给予书面答复,并说明理由。

合伙企业变更登记事项涉及营业执照变更的,企业登记机关应当换发营业执照。

第四章 注销登记

第二十一条 合伙企业解散，依法由清算人进行清算。清算人应当自被确定之日起 10 日内，将清算人成员名单向企业登记机关备案。

第二十二条 合伙企业依照合伙企业法的规定解散的，清算人应当自清算结束之日起 15 日内，向原企业登记机关办理注销登记。

第二十三条 合伙企业办理注销登记，应当提交下列文件：

（一）清算人签署的注销登记申请书；

（二）人民法院的破产裁定，合伙企业依照合伙企业法作出的决定，行政机关责令关闭、合伙企业依法被吊销营业执照或者被撤销的文件；

（三）全体合伙人签名、盖章的清算报告；

（四）国务院工商行政管理部门规定提交的其他文件。

合伙企业办理注销登记时，应当缴回营业执照。

第二十四条 经企业登记机关注销登记，合伙企业终止。

第五章 分支机构登记

第二十五条 合伙企业设立分支机构，应当向分支机构所在地的企业登记机关申请设立登记。

第二十六条 分支机构的登记事项包括：分支机构的名称、经营场所、经营范围、分支机构负责人的姓名及住所。

分支机构的经营范围不得超出合伙企业的经营范围。

合伙企业有合伙期限的，分支机构的登记事项还应当包括经营期限。分支机构的经营期限不得超过合伙企业的合伙期限。

第二十七条 合伙企业设立分支机构，应当向分支机构所在地的企业登记机关提交下列文件：

（一）分支机构设立登记申请书；

（二）全体合伙人签署的设立分支机构的决定书；

（三）加盖合伙企业印章的合伙企业营业执照复印件；

（四）全体合伙人委派执行分支机构事务负责人的委托书及其身份证明；

（五）经营场所证明；

（六）国务院工商行政管理部门规定提交的其他文件。

法律、行政法规或者国务院规定设立合伙企业分支机构须经批准的，还应当提交有关批准文件。

第二十八条　分支机构的经营范围中有属于法律、行政法规或者国务院规定在登记前须经批准的项目的，应当向分支机构所在地的企业登记机关提交批准文件。

第二十九条　申请人提交的登记申请材料齐全、符合法定形式，企业登记机关能够当场登记的，应予当场登记，发给营业执照。

除前款规定情形外，企业登记机关应当自受理申请之日起20日内，作出是否登记的决定。予以登记的，发给营业执照；不予登记的，应当给予书面答复，并说明理由。

第三十条　合伙企业申请分支机构变更登记或者注销登记，比照本办法关于合伙企业变更登记、注销登记的规定办理。

第六章　公示和证照管理

第三十一条　企业登记机关应当将合伙企业登记、备案信息通过企业信用信息公示系统向社会公示。

第三十二条　合伙企业应当于每年1月1日至6月30日，通过企业信用信息公示系统向企业登记机关报送上一年度年度报告，并向社会公示。

年度报告公示的内容以及监督检查办法由国务院制定。

第三十三条　合伙企业的营业执照分为正本和副本，正本和副本具有同等法律效力。

国家推行电子营业执照。电子营业执照与纸质营业执照具有同等法律效力。

合伙企业根据业务需要,可以向企业登记机关申请核发若干营业执照副本。

合伙企业应当将营业执照正本置放在经营场所的醒目位置。

第三十四条 任何单位和个人不得伪造、涂改、出售、出租、出借或者以其他方式转让营业执照。

合伙企业营业执照遗失或者毁损的,应当在企业登记机关指定的报刊上声明作废,并向企业登记机关申请补领或者更换。

第三十五条 合伙企业及其分支机构营业执照的正本和副本样式,由国务院工商行政管理部门制定。

第三十六条 企业登记机关吊销合伙企业营业执照的,应当发布公告,并不得收取任何费用。

第七章 法律责任

第三十七条 未领取营业执照,而以合伙企业或者合伙企业分支机构名义从事合伙业务的,由企业登记机关责令停止,处5000元以上5万元以下的罚款。

第三十八条 提交虚假文件或者采取其他欺骗手段,取得合伙企业登记的,由企业登记机关责令改正,处5000元以上5万元以下的罚款;情节严重的,撤销企业登记,并处5万元以上20万元以下的罚款。

第三十九条 合伙企业登记事项发生变更,未依照本办法规定办理变更登记的,由企业登记机关责令限期登记;逾期不登记的,处2000元以上2万元以下的罚款。

第四十条 合伙企业未依照本办法规定在其名称中标明"普通合伙"、"特殊普通合伙"或者"有限合伙"字样的,由企业登记机关责令限期改正,处2000元以上1万元以下的罚款。

第四十一条 合伙企业未依照本办法规定办理清算人成员名单备

案的，由企业登记机关责令限期办理；逾期未办理的，处2000元以下的罚款。

第四十一条 合伙企业的清算人未向企业登记机关报送清算报告，或者报送的清算报告隐瞒重要事实，或者有重大遗漏的，由企业登记机关责令改正。由此产生的费用和损失，由清算人承担和赔偿。

第四十二条 合伙企业未将其营业执照正本置放在经营场所醒目位置的，由企业登记机关责令改正；拒不改正的，处1000元以上5000元以下的罚款。

第四十三条 合伙企业涂改、出售、出租、出借或者以其他方式转让营业执照的，由企业登记机关责令改正，处2000元以上1万元以下的罚款；情节严重的，吊销营业执照。

第四十四条 企业登记机关的工作人员滥用职权、徇私舞弊、收受贿赂、侵害合伙企业合法权益的，依法给予处分。

第四十五条 违反本办法规定，构成犯罪的，依法追究刑事责任。

第八章 附 则

第四十六条 合伙企业登记收费项目按照国务院财政部门、价格主管部门的有关规定执行，合伙企业登记收费标准按照国务院价格主管部门、财政部门的有关规定执行。

第四十七条 本办法自发布之日起施行。

外商投资合伙企业登记管理规定

国家工商行政管理总局令

第 47 号

《外商投资合伙企业登记管理规定》已经中华人民共和国国家工商行政管理总局局务会审议通过，现予公布，自 2010 年 3 月 1 日起施行。

国家工商行政管理总局局长

二〇一〇年一月二十九日

（2010 年 1 月 29 日国家工商行政管理总局令第 47 号公布；根据 2014 年 2 月 20 日国家工商行政管理总局令第 63 号修订）

第一章 总 则

第一条 为了规范外国企业或者个人在中国境内设立合伙企业的行为，便于外国企业或者个人以设立合伙企业的方式在中国境内投资，扩大对外经济合作和技术交流，依据《中华人民共和国合伙企业法》（以下简称《合伙企业法》）、《外国企业或者个人在中国境内设立合伙企业管理办法》和《中华人民共和国合伙企业登记管理办法》（以下简称《合伙企业登记管理办法》），制定本规定。

第二条 本规定所称外商投资合伙企业是指 2 个以上外国企业或者个人在中国境内设立的合伙企业，以及外国企业或者个人与中国的自然人、法人和其他组织在中国境内设立的合伙企业。

外商投资合伙企业的设立、变更、注销登记适用本规定。

申请办理外商投资合伙企业登记，申请人应当对申请材料的真实性负责。

第三条 外商投资合伙企业应当遵守《合伙企业法》以及其他有关法律、行政法规、规章的规定，应当符合外商投资的产业政策。

国家鼓励具有先进技术和管理经验的外国企业或者个人在中国境内设立合伙企业，促进现代服务业等产业的发展。

《外商投资产业指导目录》禁止类和标注"限于合资"、"限于合作"、"限于合资、合作"、"中方控股"、"中方相对控股"和有外资比例要求的项目，不得设立外商投资合伙企业。

第四条 外商投资合伙企业经依法登记，领取《外商投资合伙企业营业执照》后，方可从事经营活动。

第五条 国家工商行政管理总局主管全国的外商投资合伙企业登记管理工作。

国家工商行政管理总局授予外商投资企业核准登记权的地方工商行政管理部门（以下称企业登记机关）负责本辖区内的外商投资合伙企业登记管理。

省、自治区、直辖市及计划单列市、副省级市工商行政管理部门负责以投资为主要业务的外商投资合伙企业的登记管理。

第二章 设立登记

第六条 设立外商投资合伙企业，应当具备《合伙企业法》和《外国企业或者个人在中国境内设立合伙企业管理办法》规定的条件。

国有独资公司、国有企业、上市公司以及公益性的事业单位、社会团体不得成为普通合伙人。

第七条 外商投资合伙企业的登记事项包括：

（一）名称；

（二）主要经营场所；

（三）执行事务合伙人；

（四）经营范围；

（五）合伙企业类型；

（六）合伙人姓名或者名称、国家（地区）及住所、承担责任方式、认缴或者实际缴付的出资数额、缴付期限、出资方式和评估方式。

合伙协议约定合伙期限的，登记事项还应当包括合伙期限。

执行事务合伙人是外国企业、中国法人或者其他组织的，登记事项还应当包括外国企业、中国法人或者其他组织委派的代表（以下简称委派代表）。

第八条 外商投资合伙企业的名称应当符合国家有关企业名称登记管理的规定。

第九条 外商投资合伙企业主要经营场所只能有一个，并且应当在其企业登记机关登记管辖区域内。

第十条 合伙协议未约定或者全体普通合伙人未决定委托执行事务合伙人的，全体普通合伙人均为执行事务合伙人。

有限合伙人不得成为执行事务合伙人。

第十一条 外商投资合伙企业类型包括外商投资普通合伙企业（含特殊的普通合伙企业）和外商投资有限合伙企业。

第十二条 设立外商投资合伙企业，应当由全体合伙人指定的代表或者共同委托的代理人向企业登记机关申请设立登记。

申请设立外商投资合伙企业，应当向企业登记机关提交下列文件：

（一）全体合伙人签署的设立登记申请书；

（二）全体合伙人签署的合伙协议；

（三）全体合伙人的主体资格证明或者自然人身份证明；

（四）主要经营场所证明；

（五）全体合伙人指定代表或者共同委托代理人的委托书；

（六）全体合伙人对各合伙人认缴或者实际缴付出资的确认书；

（七）全体合伙人签署的符合外商投资产业政策的说明；

（八）与外国合伙人有业务往来的金融机构出具的资信证明；

（九）外国合伙人与境内法律文件送达接受人签署的《法律文件送达授权委托书》；

（十）本规定规定的其他相关文件。

法律、行政法规或者国务院规定设立外商投资合伙企业须经批准的，还应当提交有关批准文件。

外国合伙人的主体资格证明或者自然人身份证明和境外住所证明应当经其所在国家主管机构公证认证并经我国驻该国使（领）馆认证。香港特别行政区、澳门特别行政区和台湾地区合伙人的主体资格证明或者自然人身份证明和境外住所证明应当依照现行相关规定办理。

《法律文件送达授权委托书》应当明确授权境内被授权人代为接受法律文件送达，并载明被授权人姓名或者名称、地址及联系方式。被授权人可以是外国合伙人在中国境内设立的企业、拟设立的外商投资合伙企业（被授权人为拟设立的外商投资合伙企业的，外商投资合伙企业设立后委托生效）或者境内其他有关单位或者个人。

第十三条　外商投资合伙企业的经营范围中有属于法律、行政法规或者国务院规定在登记前须经批准的行业的，应当向企业登记机关提交批准文件。

第十四条　外国合伙人用其从中国境内依法获得的人民币出资的，应当提交外汇管理部门出具的境内人民币利润或者其他人民币合法收益再投资的资本项目外汇业务核准件等相关证明文件。

第十五条　以实物、知识产权、土地使用权或者其他财产权利出资，由全体合伙人协商作价的，应当向企业登记机关提交全体合伙人签署的协商作价确认书；由全体合伙人委托法定评估机构评估作价的，应当向企业登记机关提交中国境内法定评估机构出具的评估作价证明。

外国普通合伙人以劳务出资的，应当向企业登记机关提交外国人就业许可文件，具体程序依照国家有关规定执行。

第十六条　法律、行政法规规定设立特殊的普通合伙企业，需要提交合伙人的职业资格证明的，应当依照相关法律、行政法规规定，向企业登记机关提交有关证明。

第十七条 外商投资合伙企业营业执照的签发日期，为外商投资合伙企业成立日期。

第三章 变更登记

第十八条 外商投资合伙企业登记事项发生变更的，该合伙企业应当自作出变更决定或者发生变更事由之日起15日内，向原企业登记机关申请变更登记。

第十九条 外商投资合伙企业申请变更登记，应当向原企业登记机关提交下列文件：

（一）执行事务合伙人或者委派代表签署的变更登记申请书；

（二）全体普通合伙人签署的变更决定书或者合伙协议约定的人员签署的变更决定书；

（三）本规定规定的其他相关文件。

法律、行政法规或者国务院规定变更事项须经批准的，还应当提交有关批准文件。

变更执行事务合伙人、合伙企业类型、合伙人姓名或者名称、承担责任方式、认缴或者实际缴付的出资数额、缴付期限、出资方式和评估方式等登记事项的，有关申请文书的签名应当经过中国法定公证机构的公证。

第二十条 外商投资合伙企业变更主要经营场所的，应当申请变更登记，并提交新的主要经营场所使用证明。

外商投资合伙企业变更主要经营场所在原企业登记机关辖区外的，应当向迁入地企业登记机关申请办理变更登记；迁入地企业登记机关受理的，由原企业登记机关将企业登记档案移送迁入地企业登记机关。

第二十一条 外商投资合伙企业执行事务合伙人变更的，应当提交全体合伙人签署的修改后的合伙协议。

新任执行事务合伙人是外国企业、中国法人或者其他组织的，还应当提交其委派代表的委托书和自然人身份证明。

执行事务合伙人委派代表变更的,应当提交继任代表的委托书和自然人身份证明。

第二十二条 外商投资合伙企业变更经营范围的,应当提交符合外商投资产业政策的说明。

变更后的经营范围有属于法律、行政法规或者国务院规定在登记前须经批准的行业的,合伙企业应当自有关部门批准之日起30日内,向原企业登记机关申请变更登记。

外商投资合伙企业的经营范围中属于法律、行政法规或者国务院规定须经批准的项目被吊销、撤销许可证或者其他批准文件,或者许可证、其他批准文件有效期届满的,合伙企业应当自吊销、撤销许可证、其他批准文件或者许可证、其他批准文件有效期届满之日起30日内,向原企业登记机关申请变更登记或者注销登记。

第二十三条 外商投资合伙企业变更合伙企业类型的,应当按照拟变更企业类型的设立条件,在规定的期限内向企业登记机关申请变更登记,并依法提交有关文件。

第二十四条 外商投资合伙企业合伙人变更姓名(名称)或者住所的,应当提交姓名(名称)或者住所变更的证明文件。

外国合伙人的姓名(名称)、国家(地区)或者境外住所变更证明文件应当经其所在国家主管机构公证认证并经我国驻该国使(领)馆认证。香港特别行政区、澳门特别行政区和台湾地区合伙人的姓名(名称)、地区或者境外住所变更证明文件应当依照现行相关规定办理。

第二十五条 合伙人增加或者减少对外商投资合伙企业出资的,应当向原企业登记机关提交全体合伙人签署的或者合伙协议约定的人员签署的对该合伙人认缴或者实际缴付出资的确认书。

第二十六条 新合伙人入伙的,外商投资合伙企业应当向原登记机关申请变更登记,提交的文件参照本规定第二章的有关规定。

新合伙人通过受让原合伙人在外商投资合伙企业中的部分或者全部财产份额入伙的,应当提交财产份额转让协议。

第二十七条 外商投资合伙企业的外国合伙人全部退伙,该合伙企业继续存续的,应当依照《合伙企业登记管理办法》规定的程序申请变更登记。

第二十八条 合伙协议修改未涉及登记事项的,外商投资合伙企业应当将修改后的合伙协议或者修改合伙协议的决议送原企业登记机关备案。

第二十九条 外国合伙人变更境内法律文件送达接受人的,应当重新签署《法律文件送达授权委托书》,并向原企业登记机关备案。

第三十条 外商投资合伙企业变更登记事项涉及营业执照变更的,企业登记机关应当换发营业执照。

第四章 注销登记

第三十一条 外商投资合伙企业解散,应当依照《合伙企业法》的规定由清算人进行清算。清算人应当自被确定之日起 10 日内,将清算人成员名单向企业登记机关备案。

第三十二条 外商投资合伙企业解散的,清算人应当自清算结束之日起 15 日内,向原企业登记机关办理注销登记。

第三十三条 外商投资合伙企业办理注销登记,应当提交下列文件:

(一) 清算人签署的注销登记申请书;

(二) 人民法院的破产裁定、外商投资合伙企业依照《合伙企业法》作出的决定、行政机关责令关闭、外商投资合伙企业依法被吊销营业执照或者被撤销的文件;

(三) 全体合伙人签名、盖章的清算报告(清算报告中应当载明已经办理完结税务、海关纳税手续的说明)。

有分支机构的外商投资合伙企业申请注销登记,还应当提交分支机构的注销登记证明。

外商投资合伙企业办理注销登记时，应当缴回营业执照。

第三十四条 经企业登记机关注销登记，外商投资合伙企业终止。

第五章 分支机构登记

第三十五条 外商投资合伙企业设立分支机构，应当向分支机构所在地的企业登记机关申请设立登记。

第三十六条 分支机构的登记事项包括：分支机构的名称、经营场所、经营范围、分支机构负责人的姓名及住所。

分支机构的经营范围不得超出外商投资合伙企业的经营范围。

外商投资合伙企业有合伙期限的，分支机构的登记事项还应当包括经营期限。分支机构的经营期限不得超过外商投资合伙企业的合伙期限。

第三十七条 外商投资合伙企业设立分支机构，应当向分支机构所在地的企业登记机关提交下列文件：

（一）分支机构设立登记申请书；

（二）全体合伙人签署的设立分支机构的决定书；

（三）加盖合伙企业印章的合伙企业营业执照复印件；

（四）全体合伙人委派执行分支机构事务负责人的委托书及其身份证明；

（五）经营场所证明；

（六）本规定规定的其他相关文件。

第三十八条 分支机构的经营范围中有属于法律、行政法规或者国务院规定在登记前须经批准的行业的，应当向分支机构所在地的企业登记机关提交批准文件。

第三十九条 外商投资合伙企业申请分支机构变更登记或者注销登记，比照本规定关于外商投资合伙企业变更登记、注销登记的规定办理。

第四十条　外商投资合伙企业应当自分支机构设立登记之日起 30 日内，持加盖印章的分支机构营业执照复印件，到原企业登记机关办理备案。

分支机构登记事项变更的，隶属企业应当自变更登记之日起 30 日内到原企业登记机关办理备案。

申请分支机构注销登记的，外商投资合伙企业应当自分支机构注销登记之日起 30 日内到原企业登记机关办理备案。

第四十一条　分支机构营业执照的签发日期，为外商投资合伙企业分支机构的成立日期。

第六章　登记程序

第四十二条　申请人提交的登记申请材料齐全、符合法定形式，企业登记机关能够当场登记的，应予当场登记，发给（换发）营业执照。

除前款规定情形外，企业登记机关应当自受理申请之日起 20 日内，作出是否登记的决定。予以登记的，发给（换发）营业执照；不予登记的，应当给予书面答复，并说明理由。

对于《外商投资产业指导目录》中没有法定前置审批的限制类项目或者涉及有关部门职责的其他项目，企业登记机关应当自受理申请之日起 5 日内书面征求有关部门的意见。企业登记机关应当在接到有关部门书面意见之日起 5 日内，作出是否登记的决定。予以登记的，发给（换发）营业执照；不予登记的，应当给予书面答复，并说明理由。

第四十三条　外商投资合伙企业涉及须经政府核准的投资项目的，依照国家有关规定办理投资项目核准手续。

第四十四条　外商投资合伙企业设立、变更、注销的，企业登记机关应当同时将企业设立、变更或者注销登记信息向同级商务主管部门通报。

第四十五条 企业登记机关应当将登记的外商投资合伙企业登记事项记载于外商投资合伙企业登记簿上,供社会公众查阅、复制。

第四十六条 企业登记机关吊销外商投资合伙企业营业执照的,应当发布公告。

第七章 年度报告公示和证照管理

第四十七条 外商投资合伙企业应当于每年1月1日至6月30日,通过企业信用信息公示系统向企业登记机关报送上一年度年度报告,并向社会公示。

第四十八条 营业执照分为正本和副本,正本和副本具有同等法律效力。

外商投资合伙企业及其分支机构根据业务需要,可以向企业登记机关申请核发若干营业执照副本。

营业执照正本应当置放在经营场所的醒目位置。

第四十九条 任何单位和个人不得涂改、出售、出租、出借或者以其他方式转让营业执照。

营业执照遗失或者毁损的,应当在企业登记机关指定的报刊上声明作废,并向企业登记机关申请补领或者更换。

第五十条 外商投资合伙企业及其分支机构的登记文书格式和营业执照的正本、副本样式,由国家工商行政管理总局制定。

第八章 法律责任

第五十一条 未领取营业执照,而以外商投资合伙企业名义从事合伙业务的,由企业登记机关依照《合伙企业登记管理办法》第三十六条规定处罚。

从事《外商投资产业指导目录》禁止类项目的,或者未经登记从事限制类项目的,由企业登记机关和其他主管机关依照《无照经营查处取缔办法》规定处罚。法律、行政法规或者国务院另有规定的,从其规定。

第五十二条 提交虚假文件或者采取其他欺骗手段，取得外商投资合伙企业登记的，由企业登记机关依照《合伙企业登记管理办法》第三十七条规定处罚。

第五十三条 外商投资合伙企业登记事项发生变更，未依照本规定规定办理变更登记的，由企业登记机关依照《合伙企业登记管理办法》第三十八条规定处罚。

第五十四条 外商投资合伙企业在使用名称中未按照企业登记机关核准的名称标明"普通合伙"、"特殊普通合伙"或者"有限合伙"字样的，由企业登记机关依照《合伙企业登记管理办法》第三十九条规定处罚。

第五十五条 外商投资合伙企业未依照本规定办理不涉及登记事项的协议修改、分支机构及清算人成员名单备案的，由企业登记机关依照《合伙企业登记管理办法》第四十条规定处罚。

外商投资合伙企业未依照本规定办理外国合伙人《法律文件送达授权委托书》备案的，由企业登记机关责令改正；逾期未办理的，处 2000 元以下的罚款。

第五十六条 外商投资合伙企业的清算人未向企业登记机关报送清算报告，或者报送的清算报告隐瞒重要事实，或者有重大遗漏的，由企业登记机关依照《合伙企业登记管理办法》第四十一条规定处罚。

第五十七条 外商投资合伙企业未将其营业执照正本置放在经营场所醒目位置的，由企业登记机关依照《合伙企业登记管理办法》第四十四条规定处罚。

第五十八条 外商投资合伙企业涂改、出售、出租、出借或者以其他方式转让营业执照的，由企业登记机关依照《合伙企业登记管理办法》第四十五条规定处罚。

第五十九条 外商投资合伙企业的分支机构有本章规定的违法行

为的,适用本章有关规定。

第六十条 企业登记机关违反产业政策,对于不应当登记的予以登记,或者应当登记的不予登记的,依法追究其直接责任人或者主要负责人的行政责任。

企业登记机关的工作人员滥用职权、徇私舞弊、收受贿赂、侵害外商投资合伙企业合法权益的,依法给予处分。

第九章 附 则

第六十一条 中国的自然人、法人和其他组织在中国境内设立的合伙企业,外国企业或者个人入伙的,应当符合本规定,并依法向企业登记机关申请变更登记。

第六十二条 以投资为主要业务的外商投资合伙企业境内投资的,应当依照国家有关外商投资的法律、行政法规、规章办理。

第六十三条 外商投资的投资性公司、外商投资的创业投资企业在中国境内设立合伙企业或者加入中国自然人、法人和其他组织已经设立的合伙企业的,参照本规定。

第六十四条 外商投资合伙企业依照本规定办理相关登记手续后,应当依法办理外汇、税务、海关等手续。

第六十五条 香港特别行政区、澳门特别行政区、台湾地区的企业或者个人在内地设立合伙企业或者加入内地自然人、法人和其他组织已经设立的合伙企业的,参照本规定。

第六十六条 本规定自2010年3月1日起施行。

中华人民共和国中外合作经营企业法

中华人民共和国中外合作经营企业法

（1988年4月13日第七届全国人民代表大会第一次会议通过；根据2000年10月31日第九届全国人民代表大会常务委员会第十八次会议《关于修改〈中华人民共和国中外合作经营企业法〉的决定》第一次修正；根据2016年9月3日第十二届全国人民代表大会常务委员会第二十二次会议《关于修改〈中华人民共和国外资企业法〉等四部法律的决定》第二次修正）

第一条 为了扩大对外经济合作和技术交流，促进外国的企业和其他经济组织或者个人（以下简称外国合作者）按照平等互利的原则，同中华人民共和国的企业或者其他经济组织（以下简称中国合作者）在中国境内共同举办中外合作经营企业（以下简称合作企业），特制定本法。

第二条 中外合作者举办合作企业，应当依照本法的规定，在合作企业合同中约定投资或者合作条件、收益或者产品的分配、风险和亏损的分担、经营管理的方式和合作企业终止时财产的归属等事项。

合作企业符合中国法律关于法人条件的规定的,依法取得中国法人资格。

第三条　国家依法保护合作企业和中外合作者的合法权益。

合作企业必须遵守中国的法律、法规,不得损害中国的社会公共利益。

国家有关机关依法对合作企业实行监督。

第四条　国家鼓励举办产品出口的或者技术先进的生产型合作企业。

第五条　申请设立合作企业,应当将中外合作者签订的协议、合同、章程等文件报国务院对外经济贸易主管部门或者国务院授权的部门和地方政府(以下简称审查批准机关)审查批准。审查批准机关应当自接到申请之日起四十五天内决定批准或者不批准。

第六条　设立合作企业的申请经批准后,应当自接到批准证书之日起三十天内向工商行政管理机关申请登记,领取营业执照。合作企业的营业执照签发日期,为该企业的成立日期。

合作企业应当自成立之日起三十天内向税务机关办理税务登记。

第七条　中外合作者在合作期限内协商同意对合作企业合同作重大变更的,应当报审查批准机关批准;变更内容涉及法定工商登记项目、税务登记项目的,应当向工商行政管理机关、税务机关办理变更登记手续。

第八条　中外合作者的投资或者提供的合作条件可以是现金、实物、土地使用权、工业产权、非专利技术和其他财产权利。

第九条　中外合作者应当依照法律、法规的规定和合作企业合同的约定,如期履行缴足投资、提供合作条件的义务。逾期不履行的,由工商行政管理机关限期履行;限期届满仍未履行的,由审查批准机关和工商行政管理机关依照国家有关规定处理。

中外合作者的投资或者提供的合作条件,由中国注册会计师或者有关机构验证并出具证明。

第十条 中外合作者的一方转让其在合作企业合同中的全部或者部分权利、义务的,必须经他方同意,并报审查批准机关批准。

第十一条 合作企业依照经批准的合作企业合同、章程进行经营管理活动。合作企业的经营管理自主权不受干涉。

第十二条 合作企业应当设立董事会或者联合管理机构,依照合作企业合同或者章程的规定,决定合作企业的重大问题。中外合作者的一方担任董事会的董事长、联合管理机构的主任的,由他方担任副董事长、副主任。董事会或者联合管理机构可以决定任命或者聘请总经理负责合作企业的日常经营管理工作。总经理对董事会或者联合管理机构负责。

合作企业成立后改为委托中外合作者以外的他人经营管理的,必须经董事会或者联合管理机构一致同意,报审查批准机关批准,并向工商行政管理机关办理变更登记手续。

第十三条 合作企业职工的录用、辞退、报酬、福利、劳动保护、劳动保险等事项,应当依法通过订立合同加以规定。

第十四条 合作企业的职工依法建立工会组织,开展工会活动,维护职工的合法权益。

合作企业应当为本企业工会提供必要的活动条件。

第十五条 合作企业必须在中国境内设置会计帐簿,依照规定报送会计报表,并接受财政税务机关的监督。

合作企业违反前款规定,不在中国境内设置会计帐簿的,财政税务机关可以处以罚款,工商行政管理机关可以责令停止营业或者吊销其营业执照。

第十六条 合作企业应当凭营业执照在国家外汇管理机关允许经营外汇业务的银行或者其他金融机构开立外汇帐户。

合作企业的外汇事宜,依照国家有关外汇管理的规定办理。

第十七条 合作企业可以向中国境内的金融机构借款,也可以在中国境外借款。

中外合作者用作投资或者合作条件的借款及其担保,由各方自行解决。

第十八条 合作企业的各项保险应当向中国境内的保险机构投保。

第十九条 合作企业可以在经批准的经营范围内,进口本企业需要的物资,出口本企业生产的产品。合作企业在经批准的经营范围内所需的原材料、燃料等物资,按照公平、合理的原则,可以在国内市场或者在国际市场购买。

第二十条 合作企业依照国家有关税收的规定缴纳税款并可以享受减税、免税的优惠待遇。

第二十一条 中外合作者依照合作企业合同的约定,分配收益或者产品,承担风险和亏损。

中外合作者在合作企业合同中约定合作期满时合作企业的全部固定资产归中国合作者所有的,可以在合作企业合同中约定外国合作者在合作期限内先行回收投资的办法。合作企业合同约定外国合作者在缴纳所得税前回收投资的,必须向财政税务机关提出申请,由财政税务机关依照国家有关税收的规定审查批准。

依照前款规定外国合作者在合作期限内先行回收投资的,中外合作者应当依照有关法律的规定和合作企业合同的约定对合作企业的债务承担责任。

第二十二条 外国合作者在履行法律规定和合作企业合同约定的义务后分得的利润、其他合法收入和合作企业终止时分得的资金,可以依法汇往国外。

合作企业的外籍职工的工资收入和其他合法收入,依法缴纳个人所得税后,可以汇往国外。

第二十三条 合作企业期满或者提前终止时,应当依照法定程序对资产和债权、债务进行清算。中外合作者应当依照合作企业合同的约定确定合作企业财产的归属。

合作企业期满或者提前终止,应当向工商行政管理机关和税务机关办理注销登记手续。

第二十四条 合作企业的合作期限由中外合作者协商并在合作企业合同中订明。中外合作者同意延长合作期限的，应当在距合作期满一百八十天前向审查批准机关提出申请。审查批准机关应当自接到申请之日起三十天内决定批准或者不批准。

第二十五条 举办合作企业不涉及国家规定实施准入特别管理措施的，对本法第五条、第七条、第十条、第十二条第二款、第二十四条规定的审批事项，适用备案管理。国家规定的准入特别管理措施由国务院发布或者批准发布。

第二十六条 中外合作者履行合作企业合同、章程发生争议时，应当通过协商或者调解解决。中外合作者不愿通过协商、调解解决的，或者协商、调解不成的，可以依照合作企业合同中的仲裁条款或者事后达成的书面仲裁协议，提交中国仲裁机构或者其他仲裁机构仲裁。

中外合作者没有在合作企业合同中订立仲裁条款，事后又没有达成书面仲裁协议的，可以向中国法院起诉。

第二十七条 国务院对外经济贸易主管部门根据本法制定实施细则，报国务院批准后施行。

第二十八条 本法自公布之日起施行。

中华人民共和国中外合资经营企业法

中华人民共和国中外合资经营企业法

（1979年7月1日第五届全国人民代表大会第二次会议通过；根据1990年4月4日第七届全国人民代表大会第三次会议《关于修改〈中华人民共和国中外合资经营企业法〉的决定》第一次修正；根据2001年3月15日第九届全国人民代表大会第四次会议《关于修改〈中华人民共和国中外合资经营企业法〉的决定》第二次修正；根据2016年9月3日第十二届全国人民代表大会常务委员会第二十二次会议《关于修改〈中华人民共和国外资企业法〉等四部法律的决定》第三次修正）

第一条 中华人民共和国为了扩大国际经济合作和技术交流，允许外国公司、企业和其它经济组织或个人（以下简称外国合营者），按照平等互利的原则，经中国政府批准，在中华人民共和国境内，同中国的公司、企业或其它经济组织（以下简称中国合营者）共同举办合营企业。

第二条 中国政府依法保护外国合营者按照经中国政府批准的协

议、合同、章程在合营企业的投资、应分得的利润和其它合法权益。

合营企业的一切活动应遵守中华人民共和国法律、法规的规定。

国家对合营企业不实行国有化和征收；在特殊情况下，根据社会公共利益的需要，对合营企业可以依照法律程序实行征收，并给予相应的补偿。

第三条 合营各方签订的合营协议、合同、章程，应报国家对外经济贸易主管部门（以下称审查批准机关）审查批准。审查批准机关应在三个月内决定批准或不批准。合营企业经批准后，向国家工商行政管理主管部门登记，领取营业执照，开始营业。

第四条 合营企业的形式为有限责任公司。

在合营企业的注册资本中，外国合营者的投资比例一般不低于百分之二十五。

合营各方按注册资本比例分享利润和分担风险及亏损。

合营者的注册资本如果转让必须经合营各方同意。

第五条 合营企业各方可以现金、实物、工业产权等进行投资。

外国合营者作为投资的技术和设备，必须确实是适合我国需要的先进技术和设备。如果有意以落后的技术和设备进行欺骗，造成损失的，应赔偿损失。

中国合营者的投资可包括为合营企业经营期间提供的场地使用权。如果场地使用权未作为中国合营者投资的一部分，合营企业应向中国政府缴纳使用费。

上述各项投资应在合营企业的合同和章程中加以规定，其价格（场地除外）由合营各方评议商定。

第六条 合营企业设董事会，其人数组成由合营各方协商，在合同、章程中确定，并由合营各方委派和撤换。董事长和副董事长由合营各方协商确定或由董事会选举产生。中外合营者的一方担任董事长的，由他方担任副董事长。董事会根据平等互利的原则，决定合营企业的重大问题。

董事会的职权是按合营企业章程规定，讨论决定合营企业的一切重大问题：企业发展规划、生产经营活动方案、收支预算、利润分配、劳动工资计划、停业，以及总经理、副总经理、总工程师、总会计师、审计师的任命或聘请及其职权和待遇等。

正副总经理（或正副厂长）由合营各方分别担任。

合营企业职工的录用、辞退、报酬、福利、劳动保护、劳动保险等事项，应当依法通过订立合同加以规定。

第七条 合营企业的职工依法建立工会组织，开展工会活动，维护职工的合法权益。

合营企业应当为本企业工会提供必要的活动条件。

第八条 合营企业获得的毛利润，按中华人民共和国税法规定缴纳合营企业所得税后，扣除合营企业章程规定的储备基金、职工奖励及福利基金、企业发展基金，净利润根据合营各方注册资本的比例进行分配。

合营企业依照国家有关税收的法律和行政法规的规定，可以享受减税、免税的优惠待遇。

外国合营者将分得的净利润用于在中国境内再投资时，可申请退还已缴纳的部分所得税。

第九条 合营企业应凭营业执照在国家外汇管理机关允许经营外汇业务的银行或其它金融机构开立外汇帐户。

合营企业的有关外汇事宜，应遵照中华人民共和国外汇管理条例办理。

合营企业在其经营活动中，可直接向外国银行筹措资金。

合营企业的各项保险应向中国境内的保险公司投保。

第十条 合营企业在批准的经营范围内所需的原材料、燃料等物资，按照公平、合理的原则，可以在国内市场或者在国际市场购买。

鼓励合营企业向中国境外销售产品。出口产品可由合营企业直接或与其有关的委托机构向国外市场出售，也可通过中国的外贸机构出售。合营企业产品也可在中国市场销售。

合营企业需要时可在中国境外设立分支机构。

第十一条 外国合营者在履行法律和协议、合同规定的义务后分得的净利润，在合营企业期满或者中止时所分得的资金以及其它资金，可按合营企业合同规定的货币，按外汇管理条例汇往国外。

鼓励外国合营者将可汇出的外汇存入中国银行。

第十二条 合营企业的外籍职工的工资收入和其它正当收入，按中华人民共和国税法缴纳个人所得税后，可按外汇管理条例汇往国外。

第十三条 合营企业的合营期限，按不同行业、不同情况，作不同的约定。有的行业的合营企业，应当约定合营期限；有的行业的合营企业，可以约定合营期限，也可以不约定合营期限。约定合营期限的合营企业，合营各方同意延长合营期限的，应在距合营期满六个月前向审查批准机关提出申请。审查批准机关应自接到申请之日起一个月内决定批准或不批准。

第十四条 合营企业如发生严重亏损、一方不履行合同和章程规定的义务、不可抗力等，经合营各方协商同意，报请审查批准机关批准，并向国家工商行政管理主管部门登记，可终止合同。如果因违反合同而造成损失的，应由违反合同的一方承担经济责任。

第十五条 举办合营企业不涉及国家规定实施准入特别管理措施的，对本法第三条、第十三条、第十四条规定的审批事项，适用备案管理。国家规定的准入特别管理措施由国务院发布或者批准发布。

第十六条 合营各方发生纠纷，董事会不能协商解决时，由中国仲裁机构进行调解或仲裁，也可由合营各方协议在其它仲裁机构仲裁。

合营各方没有在合同中订有仲裁条款的或者事后没有达成书面仲裁协议的，可以向人民法院起诉。

第十七条 本法自公布之日起生效。

中华人民共和国外资企业法

中华人民共和国外资企业法

（1986年4月12日第六届全国人民代表大会第四次会议通过；根据2000年10月31日第九届全国人民代表大会常务委员会第十八次会议《关于修改〈中华人民共和国外资企业法〉的决定》第一次修正；根据2016年9月3日第十二届全国人民代表大会常务委员会第二十二次会议《关于修改〈中华人民共和国外资企业法〉等四部法律的决定》第二次修正）

第一条 为了扩大对外经济合作和技术交流，促进中国国民经济的发展，中华人民共和国允许外国的企业和其他经济组织或者个人（以下简称外国投资者）在中国境内举办外资企业，保护外资企业的合法权益。

第二条 本法所称的外资企业是指依照中国有关法律在中国境内设立的全部资本由外国投资者投资的企业，不包括外国的企业和其他经济组织在中国境内的分支机构。

第三条 设立外资企业，必须有利于中国国民经济的发展。国家鼓励举办产品出口或者技术先进的外资企业。

国家禁止或者限制设立外资企业的行业由国务院规定。

第四条 外国投资者在中国境内的投资、获得的利润和其他合法权益，受中国法律保护。

外资企业必须遵守中国的法律、法规，不得损害中国的社会公共利益。

第五条 国家对外资企业不实行国有化和征收；在特殊情况下，根据社会公共利益的需要，对外资企业可以依照法律程序实行征收，并给予相应的补偿。

第六条 设立外资企业的申请，由国务院对外经济贸易主管部门或者国务院授权的机关审查批准。审查批准机关应当在接到申请之日起九十天内决定批准或者不批准。

第七条 设立外资企业的申请经批准后，外国投资者应当在接到批准证书之日起三十天内向工商行政管理机关申请登记，领取营业执照。外资企业的营业执照签发日期，为该企业成立日期。

第八条 外资企业符合中国法律关于法人条件的规定的，依法取得中国法人资格。

第九条 外资企业应当在审查批准机关核准的期限内在中国境内投资；逾期不投资的，工商行政管理机关有权吊销营业执照。

工商行政管理机关对外资企业的投资情况进行检查和监督。

第十条 外资企业分立、合并或者其他重要事项变更，应当报审查批准机关批准，并向工商行政管理机关办理变更登记手续。

第十一条 外资企业依照经批准的章程进行经营管理活动，不受干涉。

第十二条 外资企业雇用中国职工应当依法签定合同，并在合同中订明雇用、解雇、报酬、福利、劳动保护、劳动保险等事项。

第十三条 外资企业的职工依法建立工会组织，开展工会活动，维护职工的合法权益。

外资企业应当为本企业工会提供必要的活动条件。

第十四条 外资企业必须在中国境内设置会计帐簿,进行独立核算,按照规定报送会计报表,并接受财政税务机关的监督。

外资企业拒绝在中国境内设置会计帐簿的,财政税务机关可以处以罚款,工商行政管理机关可以责令停止营业或者吊销营业执照。

第十五条 外资企业在批准的经营范围内所需的原材料、燃料等物资,按照公平、合理的原则,可以在国内市场或者在国际市场购买。

第十六条 外资企业的各项保险应当向中国境内的保险公司投保。

第十七条 外资企业依照国家有关税收的规定纳税并可以享受减税、免税的优惠待遇。

外资企业将缴纳所得税后的利润在中国境内再投资的,可以依照国家规定申请退还再投资部分已缴纳的部分所得税税款。

第十八条 外资企业的外汇事宜,依照国家外汇管理规定办理。

外资企业应当在中国银行或者国家外汇管理机关指定的银行开户。

第十九条 外国投资者从外资企业获得的合法利润、其他合法收入和清算后的资金,可以汇往国外。

外资企业的外籍职工的工资收入和其他正当收入,依法缴纳个人所得税后,可以汇往国外。

第二十条 外资企业的经营期限由外国投资者申报,由审查批准机关批准。期满需要延长的,应当在期满一百八十天以前向审查批准机关提出申请。审查批准机关应当在接到申请之日起三十天内决定批准或者不批准。

第二十一条 外资企业终止,应当及时公告,按照法定程序进行清算。

在清算完结前,除为了执行清算外,外国投资者对企业财产不得处理。

第二十二条 外资企业终止,应当向工商行政管理机关办理注销登记手续,缴销营业执照。

第二十三条 举办外资企业不涉及国家规定实施准入特别管理措施的,对本法第六条、第十条、第二十条规定的审批事项,适用备案管理。国家规定的准入特别管理措施由国务院发布或者批准发布。

第二十四条 国务院对外经济贸易主管部门根据本法制定实施细则,报国务院批准后施行。

第二十五条 本法自公布之日起施行。

小企业内部控制规范（试行）

财会〔2017〕21号
财政部关于印发《小企业内部
控制规范（试行）》的通知

中共中央直属机关事务管理局、国家机关事务管理局财务司，各省、自治区、直辖市、计划单列市财政厅（局），新疆生产建设兵团财务局：

为贯彻落实党中央、国务院关于"稳增长、促改革、调结构、惠民生、防风险"的有关要求，引导和推动小企业加强内部控制建设，提升经营管理水平和风险防范能力，促进小企业健康可持续发展，根据《中华人民共和国会计法》《中华人民共和国公司法》等法律法规及《企业内部控制基本规范》，财政部制定了《小企业内部控制规范（试行）》，现予印发。请各小企业参照执行。

执行中有何问题，请及时反馈我们。

中华人民共和国财政部
2017年6月29日

第一章 总　则

第一条 为了指导小企业建立和有效实施内部控制，提高经营管理水平和风险防范能力，促进小企业健康可持续发展，根据《中华人民共和国会计法》《中华人民共和国公司法》等法律法规及《企业内部控制基本规范》，制定本规范。

第二条 本规范适用于在中华人民共和国境内依法设立的、尚不具备执行《企业内部控制基本规范》及其配套指引条件的小企业。

小企业的划分标准按照《中小企业划型标准规定》执行。

执行《企业内部控制基本规范》及其配套指引的企业集团，其集团内属于小企业的母公司和子公司，也应当执行《企业内部控制基本规范》及其配套指引。

企业集团、母公司和子公司的定义与《企业会计准则》的规定相同。

第三条 本规范所称内部控制，是指由小企业负责人及全体员工共同实施的、旨在实现控制目标的过程。

第四条 小企业内部控制的目标是合理保证小企业经营管理合法合规、资金资产安全和财务报告信息真实完整可靠。

第五条 小企业建立与实施内部控制，应当遵循下列原则：

（一）风险导向原则。内部控制应当以防范风险为出发点，重点关注对实现内部控制目标造成重大影响的风险领域。

（二）适应性原则。内部控制应当与企业发展阶段、经营规模、管理水平等相适应，并随着情况的变化及时加以调整。

（三）实质重于形式原则。内部控制应当注重实际效果，而不局限于特定的表现形式和实现手段。

（四）成本效益原则。内部控制应当权衡实施成本与预期效益，以合理的成本实现有效控制。

第六条 小企业建立与实施内部控制应当遵循下列总体要求：

（一）树立依法经营、诚实守信的意识，制定并实施长远发展目标和战略规划，为内部控制的持续有效运行提供良好环境。

（二）及时识别、评估与实现控制目标相关的内外部风险，并合理确定风险应对策略。

（三）根据风险评估结果，开展相应的控制活动，将风险控制在可承受范围之内。

（四）及时、准确地收集、传递与内部控制相关的信息，并确保其在企业内部、企业与外部之间的有效沟通。

（五）对内部控制的建立与实施情况进行监督检查，识别内部控制存在的问题并及时督促改进。

（六）形成建立、实施、监督及改进内部控制的管理闭环，并使其持续有效运行。

第七条 小企业主要负责人对本企业内部控制的建立健全和有效实施负责。

小企业可以指定适当的部门（岗位），具体负责组织协调和推动内部控制的建立与实施工作。

第二章 内部控制建立与实施

第八条 小企业应当围绕控制目标，以风险为导向确定内部控制建设的领域，设计科学合理的控制活动或对现有控制活动进行梳理、完善和优化，确保内部控制体系能够持续有效运行。

第九条 小企业应当依据所设定的内部控制目标和内部控制建设工作规划，有针对性地选择评估对象开展风险评估。

风险评估对象可以是整个企业或某个部门，也可以是某个业务领域、某个产品或某个具体事项。

第十条 小企业应当恰当识别与控制目标相关的内外部风险，如合规性风险、资金资产安全风险、信息安全风险、合同风险等。

第十一条 小企业应当采用适当的风险评估方法,综合考虑风险发生的可能性、风险发生后可能造成的影响程度以及可能持续的时间,对识别的风险进行分析和排序,确定重点关注和优先控制的风险。

常用的风险评估方法包括问卷调查、集体讨论、专家咨询、管理层访谈、行业标杆比较等。

第十二条 小企业开展风险评估既可以结合经营管理活动进行,也可以专门组织开展。

小企业应当定期开展系统全面的风险评估。在发生重大变化以及需要对重大事项进行决策时,小企业可以相应增加风险评估的频率。

第十三条 小企业开展风险评估,可以考虑聘请外部专家提供技术支持。

第十四条 小企业应当根据风险评估的结果,制定相应的风险应对策略,对相关风险进行管理。

风险应对策略一般包括接受、规避、降低、分担等四种策略。

小企业应当将内部控制作为降低风险的主要手段,在权衡成本效益之后,采取适当的控制措施将风险控制在本企业可承受范围之内。

第十五条 小企业建立与实施内部控制应当重点关注下列管理领域:

(一) 资金管理;

(二) 重要资产管理(包括核心技术);

(三) 债务与担保业务管理;

(四) 税费管理;

(五) 成本费用管理;

(六) 合同管理;

(七) 重要客户和供应商管理;

(八) 关键岗位人员管理;

(九) 信息技术管理;

（十）其他需要关注的领域。

第十六条 小企业在建立内部控制时，应当根据控制目标，按照风险评估的结果，结合自身实际情况，制定有效的内部控制措施。

内部控制措施一般包括不相容岗位相分离控制、内部授权审批控制、会计控制、财产保护控制、单据控制等。

第十七条 不相容岗位相分离控制要求小企业根据国家有关法律法规的要求及自身实际情况，合理设置不相容岗位，确保不相容岗位由不同的人员担任，并合理划分业务和事项的申请、内部审核审批、业务执行、信息记录、内部监督等方面的责任。

因资源限制等原因无法实现不相容岗位相分离的，小企业应当采取抽查交易文档、定期资产盘点等替代性控制措施。

第十八条 内部授权审批控制要求小企业根据常规授权和特别授权的规定，明确各部门、各岗位办理业务和事项的权限范围、审批程序和相关责任。常规授权是指小企业在日常经营管理活动中按照既定的职责和程序进行的授权。特别授权是指小企业在特殊情况、特定条件下进行的授权。小企业应当严格控制特别授权。

小企业各级管理人员应当在授权范围内行使职权、办理业务。

第十九条 会计控制要求小企业严格执行国家统一的会计准则制度，加强会计基础工作，明确会计凭证、会计账簿和财务会计报告的处理程序，加强会计档案管理，保证会计资料真实完整。

小企业应当根据会计业务的需要，设置会计机构；或者在有关机构中设置会计人员并指定会计主管人员；或者委托经批准设立从事会计代理记账业务的中介机构代理记账。

小企业应当选择使用符合《中华人民共和国会计法》和国家统一的会计制度规定的会计信息系统（电算化软件）。

第二十条 财产保护控制要求小企业建立财产日常管理和定期清查制度，采取财产记录、实物保管、定期盘点、账实核对等措施，确保财产安全完整。

第二十一条 单据控制要求小企业明确各种业务和事项所涉及的表单和票据,并按照规定填制、审核、归档和保管各类单据。

第二十二条 小企业应当根据内部控制目标,综合运用上述内部控制措施,对企业面临的各类内外部风险实施有效控制。

第二十三条 小企业在采取内部控制措施时,应当对实施控制的责任人、频率、方式、文档记录等内容做出明确规定。

有条件的小企业可以采用内部控制手册等书面形式来明确内部控制措施。

第二十四条 小企业可以利用现有的管理基础,将内部控制要求与企业管理体系进行融合,提高内部控制建立与实施工作的实效性。

第二十五条 小企业在实施内部控制的过程中,可以采用灵活适当的信息沟通方式,以实现小企业内部各管理层级、业务部门之间,以及与外部投资者、债权人、客户和供应商等有关方面之间的信息畅通。

内外部信息沟通方式主要包括发函、面谈、专题会议、电话等。

第二十六条 小企业应当通过加强人员培训等方式,提高实施内部控制的责任人的胜任能力,确保内部控制得到有效实施。

第二十七条 在发生下列情形时,小企业应当评估现行的内部控制措施是否仍然适用,并对不适用的部分及时进行更新优化:

(一)企业战略方向、业务范围、经营管理模式、股权结构发生重大变化;

(二)企业面临的风险发生重大变化;

(三)关键岗位人员胜任能力不足;

(四)其他可能对企业产生重大影响的事项。

第三章 内部控制监督

第二十八条 小企业应当结合自身实际情况和管理需要建立适当

的内部控制监督机制，对内部控制的建立与实施情况进行日常监督和定期评价。

第二十九条 小企业应当选用具备胜任能力的人员实施内部控制监督。

实施内部控制的责任人开展自我检查不能替代监督。

具备条件的小企业，可以设立内部审计部门（岗位）或通过内部审计业务外包来提高内部控制监督的独立性和质量。

第三十条 小企业开展内部控制日常监督应当重点关注下列情形：

（一）因资源限制而无法实现不相容岗位相分离；

（二）业务流程发生重大变化；

（三）开展新业务、采用新技术、设立新岗位；

（四）关键岗位人员胜任能力不足或关键岗位出现人才流失；

（五）可能违反有关法律法规；

（六）其他应通过风险评估识别的重大风险。

第三十一条 小企业对于日常监督中发现的问题，应当分析其产生的原因以及影响程度，制定整改措施，及时进行整改。

第三十二条 小企业应当至少每年开展一次全面系统的内部控制评价工作，并可以根据自身实际需要开展不定期专项评价。

第三十三条 小企业应当根据年度评价结果，结合内部控制日常监督情况，编制年度内部控制报告，并提交小企业主要负责人审阅。

内部控制报告至少应当包括内部控制评价的范围、内部控制中存在的问题、整改措施、整改责任人、整改时间表及上一年度发现问题的整改落实情况等内容。

第三十四条 有条件的小企业可以委托会计师事务所对内部控制的有效性进行审计。

第三十五条 小企业可以将内部控制监督的结果纳入绩效考核的范围，促进内部控制的有效实施。

第四章 附　则

第三十六条 符合《中小企业划型标准规定》所规定的微型企业标准的企业参照执行本规范。

第三十七条 对于本规范中未规定的业务活动的内部控制，小企业可以参照执行《企业内部控制基本规范》及其配套指引。

第三十八条 鼓励有条件的小企业执行《企业内部控制基本规范》及其配套指引。

第三十九条 本规范由财政部负责解释。

第四十条 本规范自2018年1月1日起施行。

附 录

工商总局关于深入推进"放管服"多措并举助力小型微型企业发展的意见

工商个字〔2017〕70号

各省、自治区、直辖市及计划单列市、副省级市工商行政管理局、市场监督管理部门：

小型微型企业（以下简称"小微企业"）是我国经济社会发展的重要力量。商事制度改革以来，小微企业数量大幅增长，占各类市场主体比重稳步提高，在增加就业、促进经济增长、科技创新与社会和谐稳定等方面发挥了不可替代的作用。为了进一步落实《国务院关于扶持小型微型企业健康发展的意见》（国发〔2014〕52号）和党中央、国务院关于扶持小微企业发展的一系列决策部署，充分发挥工商、市场监管部门与小微企业联系紧密的职能优势，切实履行好"放管服"职能转变，增强小微企业获得感，做小微企业热情服务者，提出如下意见。

一、总体要求

（一）指导思想

按照党中央、国务院决策部署，全面推进"大众创业、万众创新"，促进小微企业增量提质。简政放权，降低准入门槛，为小微企业快速增长营造高效便利的准入环境。转变监管理念，创新监管方式，为小微企业参与竞争创造公平有序的市场环境。优化服务，提高效能，激发创业创新活力,为小微企业做大做强打造宽松和谐的成长环境。

(二) 基本思路

整合职能、协同创新。充分发挥工商职能整合优势,分类施策,为小微企业提供全方位、多层次的指导和服务,构建有利于小微企业健康发展的体制机制。

上下联动、务实推进。加强对基层的业务指导,调动各地促进小微企业健康发展的积极性、创造性,凝聚合力,求求实效。

主动对接、热情服务。优化政务服务,找准小微企业生存发展中的需求和难点,主动对接小微企业,为小微企业提供精准服务。

二、重点工作

(一) 落实商事制度改革的要求,营造小微企业便利化准入环境

积极推进"多证合一"改革,优化市场主体准入、管理和退出机制。在深入推进企业"五证合一"、个体工商户"两证整合"的基础上,进一步加大改革力度,开展"多证合一"改革,切实降低创业营商的制度性成本。深入推进简易注销改革,畅通退出渠道,对名存实亡的小微企业加速市场出清,提升"全流程便利化"服务水平。

推进全程电子化登记。在保留原有纸质登记的基础上,实现网上登记注册。有条件的地区可以探索"网上申请、网上受理、网上审核、网上公示、网上发照"一整套电子化登记和营业执照快递送达服务,实现登记"零见面"。在全国范围内推行电子营业执照,推进电子营业执照在电子政务和电子商务环境的应用。

推进名称登记制度改革。全面开放名称库、建立完善名称查询比对系统,对查询申请的名称进行自动筛查服务。简化申请审核流程,申请人可以通过比对系统以"即查即得"的方式直接提交申请,探索建立快速处理机制,为申请名称和加强名称保护提供最大便利。

深入推进"先照后证"改革。积极配合有关部门做好削减工商登记前置、后置审批事项工作,理顺"证"、"照"关系,严格落实"双告知、一承诺"制度,推动市场主体登记信息在工商、市场监管部门

与审批部门、行业主管部门间的互联互通、共享应用。

（二）强化小微企业名录功能，提升小微企业扶持政策落地的精准性

进一步提高小微企业名录的社会知晓度，在各级登记窗口发放小微企业名录宣传页，张贴小微企业名录公众号二维码，做到应知尽知，充分运用报刊、网络等各类媒体扩大宣传效果，提高名录系统的访问量。

主动开展横向合作，健全小微企业信息互联共享机制。鼓励充分利用小微企业名录数据资源，与金融、人社、教育、科技等部门合作，为落实各项小微企业扶持政策提供可靠的数据基础，将小微企业名录打造为扶持小微企业的主要数据平台和服务平台。

充分利用小微企业名录，参与开展小微企业创业创新基地城市评估工作，加强对小微企业创业创新基地的示范宣传。

深入开展对本地小微企业发展情况的调查研究，进一步拓展小微企业名录的分析和服务功能，形成小微企业相对统一完善的统计体系和相对准确的数据系统，及时了解小微企业生存状态，为推进大数据监测服务奠定基础。

（三）加强事中事后监管，营造小微企业健康发展的市场环境

健全市场监管规则，清除市场障碍，推动市场开放共享，加快形成统一开放、竞争有序的市场环境。全面推行"双随机、一公开"抽查制度，按照综合监管、简约监管原则，规范政府部门对小微企业的监管，为小微企业发展提供公平法治的环境。

加强竞争执法和竞争倡导，大力查处垄断协议和滥用市场支配地位的垄断案件，依法制止滥用行政权力排除、限制竞争行为，破除地方保护和行业垄断，充分发挥我国统一大市场的优势和潜力，为小微企业公平参与竞争创造条件。

加强广告监管，加大广告法律法规的宣传力度，教育引导小微企业发布诚信合法的广告，加大对虚假违法广告查处力度，净化广告市

场环境。

加强消费维权,鼓励支持小微企业维护商誉、诚信经营,畅通维权渠道,为诚信小微企业的发展腾出市场空间。

(四)鼓励小微企业运用商标提升品牌价值,增强企业竞争力

立足职能引导小微企业增强商标品牌意识,发挥企业品牌建设的主体作用。培育小微企业自主商标、战略性新兴产业商标品牌,鼓励小微企业通过商标提升品牌形象,提高服务质量和商业信誉,提高自主创新能力。

推进商标注册便利化改革,拓展商标申请渠道,优化商标注册申请和质权登记受理窗口服务,加快推进商标注册全程电子化进程,为小微企业申请商标提供便利。

提高小微企业的商标注册、运用、管理与保护能力。依法打击侵犯小微企业知识产权和企业合法权益的行为,切实保护注册商标专用权,引导小微企业实施商标品牌战略。

指导小微企业利用注册商标质押融资,拓宽小微企业融资渠道,降低融资成本。

支持小微企业较为集中区域的行业商(协)会或其他社会组织牵头打造区域品牌、申请注册集体商标和证明商标,加强集体商标和证明商标的运用和保护,促进小微企业发展。

(五)构建共治格局,把服务小微企业做"优"、做"实"、做"细"

鼓励各地在当地党委政府领导下,立足职能、开拓创新,探索开展"最多跑一次"、"银企对接"等改革举措,形成具有地方特色的小微企业政务服务。

积极争取地方党委政府支持,协调各级职能部门协同开展小微企业帮扶工作,开展促进小微企业产业结构和治理结构升级工作。做好小微企业创业创新基地城市示范有关工作。运用市场化手段,扶持培育小微企业创业创新孵化器,帮助小微企业提质发展。

指导各级个私协会和社会中介机构发挥作用，大力培育发展社会中介服务机构，推动建立主要面向小微企业的公共服务平台，培育多元化服务主体，为小微企业提供创业辅导、教育培训、管理咨询、市场营销、技术开发和法律支援等全方位服务，完善小微企业生命全周期服务链。

（六）加强培训工作，营造小微企业发展的良好氛围

加大培训力度，推动将服务小微企业发展相关课程纳入工商、和市场监管系统干部培训和选学内容。

指导各地增强小微企业培训的针对性和实用性，帮助小微企业提升经营管理能力，优化发展理念，促进其持续健康发展。

加强服务小微企业的交流与合作，学习借鉴系统外，尤其是发达国家的先进经验，为制定完善政策促进小微企业健康发展提供参考。

（七）加强小微企业党组织建设，激发小微企业发展新活力

适应小微企业特点，采取多种方式灵活设置党组织，加强流动党员管理，扩大党的组织和党的工作在小微企业的覆盖面，增强党组织的凝聚力和影响力。

指导小微企业党组织建设，加强教育，创新载体，引导企业党员围绕生产经营积极创先争优，推动企业科技创新和转型升级，促进企业健康发展。

三、组织保障

（一）加强组织领导

各地工商、市场监管部门要把扶持小微企业发展作为一项重点工作，研究制定具体实施方案。建立由主要领导亲自抓、分管领导具体抓、各业务条线统筹推进的工作机制。在地方党委政府的统一领导下，加强部门间综合协调，形成扶持小微企业发展的合力。

（二）加强舆论宣传引导

各地工商、市场监管部门要重视舆论宣传，加大新闻宣传和舆论引导力度，通过政策宣讲、专题课程培训等方式，使小微企业全面了

解各项政策和服务。组织主要新闻媒体开展系列相关报道、专题报道和典型报道，增强全社会的认知度和参与度，形成上下齐抓共管、各方主动参与、积极配合的良好局面。

（三）强化监督检查

各地工商、市场监管部门要建立健全相应的工作推进机制，强化监督检查，确保各项任务落到实处。建立工作实施目标责任考核体系，分解目标任务，压实责任，推动将扶持小微企业发展纳入各级政府的工作督查内容。强化对小微企业发展情况的跟踪和绩效评价。总局适时对各地工作落实情况开展第三方评估，并将评估结果纳入各地"放管服"改革成效的评价体系。

工商总局
2017年5月8日

关于扩大小型微利企业所得税优惠政策范围的通知

财税〔2017〕43号

各省、自治区、直辖市、计划单列市财政厅（局）、国家税务局、地方税务局，新疆生产建设兵团财务局：

为进一步支持小型微利企业发展，现就小型微利企业所得税政策通知如下：

一、自2017年1月1日至2019年12月31日，将小型微利企业的年应纳税所得额上限由30万元提高至50万元，对年应纳税所得额低于50万元（含50万元）的小型微利企业，其所得减按50%计入应纳税所得额，按20%的税率缴纳企业所得税。

前款所称小型微利企业，是指从事国家非限制和禁止行业，并符合下列条件的企业：

（一）工业企业，年度应纳税所得额不超过50万元，从业人数不超过100人，资产总额不超过3000万元；

（二）其他企业，年度应纳税所得额不超过50万元，从业人数不超过80人，资产总额不超过1000万元。

二、本通知第一条所称从业人数，包括与企业建立劳动关系的职工人数和企业接受的劳务派遣用工人数。

所称从业人数和资产总额指标，应按企业全年的季度平均值确定。具体计算公式如下：

季度平均值＝（季初值+季末值）÷2

全年季度平均值＝全年各季度平均值之和÷4

年度中间开业或者终止经营活动的，以其实际经营期作为一个纳税年度确定上述相关指标。

三、《财政部　国家税务总局关于小型微利企业所得税优惠政策的通知》(财税〔2015〕34号)和《财政部　国家税务总局关于进一步扩大小型微利企业所得税优惠政策范围的通知》(财税〔2015〕99号)自2017年1月1日起废止。

四、各级财政、税务部门要严格按照本通知的规定,积极做好小型微利企业所得税优惠政策的宣传辅导工作,确保优惠政策落实到位。

财政部　税务总局

2017年6月6日

企业投资项目核准和备案管理条例

企业投资项目核准和备案管理条例

中华人民共和国国务院令

第 673 号

《企业投资项目核准和备案管理条例》已经2016年10月8日国务院第149次常务会议通过，现予公布，自2017年2月1日起施行。

总理　李克强

2016年11月30日

　　第一条　为了规范政府对企业投资项目的核准和备案行为，加快转变政府的投资管理职能，落实企业投资自主权，制定本条例。

　　第二条　本条例所称企业投资项目（以下简称项目），是指企业在中国境内投资建设的固定资产投资项目。

　　第三条　对关系国家安全、涉及全国重大生产力布局、战略性资源开发和重大公共利益等项目，实行核准管理。具体项目范围以及核准机关、核准权限依照政府核准的投资项目目录执行。政府核准的投资项目目录由国务院投资主管部门会同国务院有关部门提出，报国务院批准后实施，并适时调整。国务院另有规定的，依照其规定。

对前款规定以外的项目，实行备案管理。除国务院另有规定的，实行备案管理的项目按照属地原则备案，备案机关及其权限由省、自治区、直辖市和计划单列市人民政府规定。

第四条 除涉及国家秘密的项目外，项目核准、备案通过国家建立的项目在线监管平台（以下简称在线平台）办理。

核准机关、备案机关以及其他有关部门统一使用在线平台生成的项目代码办理相关手续。

国务院投资主管部门会同有关部门制定在线平台管理办法。

第五条 核准机关、备案机关应当通过在线平台列明与项目有关的产业政策，公开项目核准的办理流程、办理时限等，并为企业提供相关咨询服务。

第六条 企业办理项目核准手续，应当向核准机关提交项目申请书；由国务院核准的项目，向国务院投资主管部门提交项目申请书。项目申请书应当包括下列内容：

（一）企业基本情况；

（二）项目情况，包括项目名称、建设地点、建设规模、建设内容等；

（三）项目利用资源情况分析以及对生态环境的影响分析；

（四）项目对经济和社会的影响分析。

企业应当对项目申请书内容的真实性负责。

法律、行政法规规定办理相关手续作为项目核准前置条件的，企业应当提交已经办理相关手续的证明文件。

第七条 项目申请书由企业自主组织编制，任何单位和个人不得强制企业委托中介服务机构编制项目申请书。

核准机关应当制定并公布项目申请书示范文本，明确项目申请书编制要求。

第八条 由国务院有关部门核准的项目，企业可以通过项目所在地省、自治区、直辖市和计划单列市人民政府有关部门（以下称地方人民政府有关部门）转送项目申请书，地方人民政府有关部门应当自收到项目申请书之日起5个工作日内转送核准机关。

由国务院核准的项目，企业通过地方人民政府有关部门转送项目申请书的，地方人民政府有关部门应当在前款规定的期限内将项目申请书转送国务院投资主管部门，由国务院投资主管部门审核后报国务院核准。

第九条 核准机关应当从下列方面对项目进行审查：

（一）是否危害经济安全、社会安全、生态安全等国家安全；

（二）是否符合相关发展建设规划、技术标准和产业政策；

（三）是否合理开发并有效利用资源；

（四）是否对重大公共利益产生不利影响。

项目涉及有关部门或者项目所在地地方人民政府职责的，核准机关应当书面征求其意见，被征求意见单位应当及时书面回复。

核准机关委托中介服务机构对项目进行评估的，应当明确评估重点；除项目情况复杂的，评估时限不得超过30个工作日。评估费用由核准机关承担。

第十条 核准机关应当自受理申请之日起20个工作日内，作出是否予以核准的决定；项目情况复杂或者需要征求有关单位意见的，经本机关主要负责人批准，可以延长核准期限，但延长的期限不得超过40个工作日。核准机关委托中介服务机构对项目进行评估的，评估时间不计入核准期限。

核准机关对项目予以核准的，应当向企业出具核准文件；不予核准的，应当书面通知企业并说明理由。由国务院核准的项目，由国务院投资主管部门根据国务院的决定向企业出具核准文件或者不予核准的书面通知。

第十一条 企业拟变更已核准项目的建设地点,或者拟对建设规模、建设内容等作较大变更的,应当向核准机关提出变更申请。核准机关应当自受理申请之日起20个工作日内,作出是否同意变更的书面决定。

第十二条 项目自核准机关作出予以核准决定或者同意变更决定之日起2年内未开工建设,需要延期开工建设的,企业应当在2年期限届满的30个工作日前,向核准机关申请延期开工建设。核准机关应当自受理申请之日起20个工作日内,作出是否同意延期开工建设的决定。开工建设只能延期一次,期限最长不得超过1年。国家对项目延期开工建设另有规定的,依照其规定。

第十三条 实行备案管理的项目,企业应当在开工建设前通过在线平台将下列信息告知备案机关:

(一)企业基本情况;

(二)项目名称、建设地点、建设规模、建设内容;

(三)项目总投资额;

(四)项目符合产业政策的声明。

企业应当对备案项目信息的真实性负责。

备案机关收到本条第一款规定的全部信息即为备案;企业告知的信息不齐全的,备案机关应当指导企业补正。

企业需要备案证明的,可以要求备案机关出具或者通过在线平台自行打印。

第十四条 已备案项目信息发生较大变更的,企业应当及时告知备案机关。

第十五条 备案机关发现已备案项目属于产业政策禁止投资建设或者实行核准管理的,应当及时告知企业予以纠正或者依法办理核准手续,并通知有关部门。

第十六条 核准机关、备案机关以及依法对项目负有监督管理职责的其他有关部门应当加强事中事后监管,按照谁审批谁监管、谁主管谁监管的原则,落实监管责任,采取在线监测、现场核查等方式,加强对项目实施的监督检查。

企业应当通过在线平台如实报送项目开工建设、建设进度、竣工的基本信息。

第十七条 核准机关、备案机关以及依法对项目负有监督管理职责的其他有关部门应当建立项目信息共享机制,通过在线平台实现信息共享。

企业在项目核准、备案以及项目实施中的违法行为及其处理信息,通过国家社会信用信息平台向社会公示。

第十八条 实行核准管理的项目,企业未依照本条例规定办理核准手续开工建设或者未按照核准的建设地点、建设规模、建设内容等进行建设的,由核准机关责令停止建设或者责令停产,对企业处项目总投资额1‰以上5‰以下的罚款;对直接负责的主管人员和其他直接责任人员处2万元以上5万元以下的罚款,属于国家工作人员的,依法给予处分。

以欺骗、贿赂等不正当手段取得项目核准文件,尚未开工建设的,由核准机关撤销核准文件,处项目总投资额1‰以上5‰以下的罚款;已经开工建设的,依照前款规定予以处罚;构成犯罪的,依法追究刑事责任。

第十九条 实行备案管理的项目,企业未依照本条例规定将项目信息或者已备案项目的信息变更情况告知备案机关,或者向备案机关提供虚假信息的,由备案机关责令限期改正;逾期不改正的,处2万元以上5万元以下的罚款。

第二十条 企业投资建设产业政策禁止投资建设项目的,由县级以上人民政府投资主管部门责令停止建设或者责令停产并恢复原状,对企业处项目总投资额5‰以上10‰以下的罚款;对直接负责的主管人员和其他直接责任人员处5万元以上10万元以下的罚款,属于国家工作人员的,依法给予处分。法律、行政法规另有规定的,依照其规定。

第二十一条 核准机关、备案机关及其工作人员在项目核准、备案工作中玩忽职守、滥用职权、徇私舞弊的，对负有责任的领导人员和直接责任人员依法给予处分；构成犯罪的，依法追究刑事责任。

第二十二条 事业单位、社会团体等非企业组织在中国境内投资建设的固定资产投资项目适用本条例，但通过预算安排的固定资产投资项目除外。

第二十三条 国防科技工业企业在中国境内投资建设的固定资产投资项目核准和备案管理办法，由国务院国防科技工业管理部门根据本条例的原则另行制定。

第二十四条 本条例自2017年2月1日起施行。

附　录

企业投资项目核准和备案管理办法

中华人民共和国国家发展和改革委员会令

第 2 号

《企业投资项目核准和备案管理办法》已经国家发展和改革委员会主任办公会讨论通过，现予以发布，自 2017 年 4 月 8 日起施行。

国家发展和改革委员会主任
2017 年 3 月 8 日

第一章　总　则

第一条　为落实企业投资自主权，规范政府对企业投资项目的核准和备案行为，实现便利、高效服务和有效管理，依法保护企业合法权益，依据《行政许可法》、《企业投资项目核准和备案管理条例》等有关法律法规，制定本办法。

第二条　本办法所称企业投资项目（以下简称项目），是指企业在中国境内投资建设的固定资产投资项目，包括企业使用自己筹措资金的项目，以及使用自己筹措的资金并申请使用政府投资补助或贷款贴息等的项目。

项目申请使用政府投资补助、贷款贴息的，应在履行核准或备案手续后,提出资金申请报告。

第三条 县级以上人民政府投资主管部门对投资项目履行综合管理职责。

县级以上人民政府其他部门依照法律、法规规定,按照本级政府规定职责分工,对投资项目履行相应管理职责。

第四条 根据项目不同情况,分别实行核准管理或备案管理。

对关系国家安全、涉及全国重大生产力布局、战略性资源开发和重大公共利益等项目,实行核准管理。其他项目实行备案管理。

第五条 实行核准管理的具体项目范围以及核准机关、核准权限,由国务院颁布的《政府核准的投资项目目录》(以下简称《核准目录》)确定。法律、行政法规和国务院对项目核准的范围、权限有专门规定的,从其规定。

《核准目录》由国务院投资主管部门会同有关部门研究提出,报国务院批准后实施,并根据情况适时调整。

未经国务院批准,各部门、各地区不得擅自调整《核准目录》确定的核准范围和权限。

第六条 除国务院另有规定外,实行备案管理的项目按照属地原则备案。

各省级政府负责制定本行政区域内的项目备案管理办法,明确备案机关及其权限。

第七条 依据本办法第五条第一款规定具有项目核准权限的行政机关统称项目核准机关。《核准目录》所称国务院投资主管部门是指国家发展和改革委员会;《核准目录》规定由省级政府、地方政府核准的项目,其具体项目核准机关由省级政府确定。

项目核准机关对项目进行的核准是行政许可事项,实施行政许可所需经费应当由本级财政予以保障。

依据国务院专门规定和省级政府规定具有项目备案权限的行政机关统称项目备案机关。

第八条 项目的市场前景、经济效益、资金来源和产品技术方案等，应当依法由企业自主决策、自担风险，项目核准、备案机关及其他行政机关不得非法干预企业的投资自主权。

第九条 项目核准、备案机关及其工作人员应当依法对项目进行核准或者备案，不得擅自增减审查条件，不得超出办理时限。

第十条 项目核准、备案机关应当遵循便民、高效原则，提高办事效率，提供优质服务。

项目核准、备案机关应当制定并公开服务指南，列明项目核准的申报材料及所需附件、受理方式、审查条件、办理流程、办理时限等；列明项目备案所需信息内容、办理流程等，提高工作透明度，为企业提供指导和服务。

第十一条 县级以上地方人民政府有关部门应当依照相关法律法规和本级政府有关规定，建立健全对项目核准、备案机关的监督制度，加强对项目核准、备案行为的监督检查。

各级政府及其有关部门应当依照相关法律法规及规定对企业从事固定资产投资活动实施监督管理。

任何单位和个人都有权对项目核准、备案、建设实施过程中的违法违规行为向有关部门检举。有关部门应当及时核实、处理。

第十二条 除涉及国家秘密的项目外，项目核准、备案通过全国投资项目在线审批监管平台（以下简称在线平台）实行网上受理、办理、监管和服务，实现核准、备案过程和结果的可查询、可监督。

第十三条 项目核准、备案机关以及其他有关部门统一使用在线平台生成的项目代码办理相关手续。

项目通过在线平台申报时，生成作为该项目整个建设周期身份标识的唯一项目代码。项目的审批信息、监管（处罚）信息，以及工程实施过程中的重要信息，统一汇集至项目代码，并与社会信用体系对接，作为后续监管的基础条件。

第十四条 项目核准、备案机关及有关部门应当通过在线平台公开与项目有关的发展规划、产业政策和准入标准,公开项目核准、备案等事项的办理条件、办理流程、办理时限等。

项目核准、备案机关应根据《政府信息公开条例》有关规定将核准、备案结果予以公开,不得违法违规公开重大工程的关键信息。

第十五条 企业投资建设固定资产投资项目,应当遵守国家法律法规,符合国民经济和社会发展总体规划、专项规划、区域规划、产业政策、市场准入标准、资源开发、能耗与环境管理等要求,依法履行项目核准或者备案及其他相关手续,并依法办理城乡规划、土地(海域)使用、环境保护、能源资源利用、安全生产等相关手续,如实提供相关材料,报告相关信息。

第十六条 对项目核准、备案机关实施的项目核准、备案行为,相关利害关系人有权依法申请行政复议或者提起行政诉讼。

第二章 项目核准的申请文件

第十七条 企业办理项目核准手续,应当按照国家有关要求编制项目申请报告,取得第二十二条规定依法应当附具的有关文件后,按照本办法第二十三条规定报送。

第十八条 组织编制和报送项目申请报告的项目单位,应当对项目申请报告以及依法应当附具文件的真实性、合法性和完整性负责。

第十九条 项目申请报告应当主要包括以下内容:

(一)项目单位情况;

(二)拟建项目情况,包括项目名称、建设地点、建设规模、建设内容等;

(三)项目资源利用情况分析以及对生态环境的影响分析;

(四)项目对经济和社会的影响分析。

第二十条 项目申请报告通用文本由国务院投资主管部门会同有关部门制定,主要行业的项目申请报告示范文本由相应的项目核准机关参照项目申请报告通用文本制定,明确编制内容、深度要求等。

第二十一条 项目申请报告可以由项目单位自行编写，也可以由项目单位自主委托具有相关经验和能力的工程咨询单位编写。任何单位和个人不得强制项目单位委托中介服务机构编制项目申请报告。

项目单位或者其委托的工程咨询单位应当按照项目申请报告通用文本和行业示范文本的要求编写项目申请报告。

工程咨询单位接受委托编制有关文件，应当做到依法、独立、客观、公正，对其编制的文件负责。

第二十二条 项目单位在报送项目申请报告时，应当根据国家法律法规的规定附具以下文件：

（一）城乡规划行政主管部门出具的选址意见书（仅指以划拨方式提供国有土地使用权的项目）；

（二）国土资源（海洋）行政主管部门出具的用地（用海）预审意见（国土资源主管部门明确可以不进行用地预审的情形除外）；

（三）法律、行政法规规定需要办理的其他相关手续。

第三章 项目核准的基本程序

第二十三条 地方企业投资建设应当分别由国务院投资主管部门、国务院行业管理部门核准的项目，可以分别通过项目所在地省级政府投资主管部门、行业管理部门向国务院投资主管部门、国务院行业管理部门转送项目申请报告。属于国务院投资主管部门核准权限的项目，项目所在地省级政府规定由省级政府行业管理部门转送的，可以由省级政府投资主管部门与其联合报送。

国务院有关部门所属单位、计划单列企业集团、中央管理企业投资建设应当由国务院有关部门核准的项目，直接向相应的项目核准机关报送项目申请报告，并附行业管理部门的意见。

企业投资建设应当由国务院核准的项目，按照本条第一、二款规定向国务院投资主管部门报送项目申请报告，由国务院投资主管部门审核后报国务院核准。新建运输机场项目由相关省级政府直接向国务院、中央军委报送项目申请报告。

第二十四条 企业投资建设应当由地方政府核准的项目,应当按照地方政府的有关规定,向相应的项目核准机关报送项目申请报告。

第二十五条 项目申报材料齐全、符合法定形式的,项目核准机关应当予以受理。

申报材料不齐全或者不符合法定形式的,项目核准机关应当在收到项目申报材料之日起5个工作日内一次告知项目单位补充相关文件,或对相关内容进行调整。逾期不告知的,自收到项目申报材料之日起即为受理。

项目核准机关受理或者不予受理申报材料,都应当出具加盖本机关专用印章并注明日期的书面凭证。对于受理的申报材料,书面凭证应注明项目代码,项目单位可以根据项目代码在线查询、监督核准过程和结果。

第二十六条 项目核准机关在正式受理项目申请报告后,需要评估的,应在4个工作日内按照有关规定委托具有相应资质的工程咨询机构进行评估。项目核准机关在委托评估时,应当根据项目具体情况,提出评估重点,明确评估时限。

工程咨询机构与编制项目申请报告的工程咨询机构为同一单位、存在控股、管理关系或者负责人为同一人的,该工程咨询机构不得承担该项目的评估工作。工程咨询机构与项目单位存在控股、管理关系或者负责人为同一人的,该工程咨询机构不得承担该项目单位的项目评估工作。

除项目情况复杂的,评估时限不得超过30个工作日。接受委托的工程咨询机构应当在项目核准机关规定的时间内提出评估报告,并对评估结论承担责任。项目情况复杂的,履行批准程序后,可以延长评估时限,但延长的期限不得超过60个工作日。

项目核准机关应当将项目评估报告与核准文件一并存档备查。

评估费用由委托评估的项目核准机关承担,评估机构及其工作人员不得收取项目单位的任何费用。

第二十七条 项目涉及有关行业管理部门或者项目所在地地方政府职责的，项目核准机关应当商请有关行业管理部门或地方人民政府在7个工作日内出具书面审查意见。有关行业管理部门或地方人民政府逾期没有反馈书面审查意见的，视为同意。

第二十八条 项目建设可能对公众利益构成重大影响的，项目核准机关在作出核准决定前，应当采取适当方式征求公众意见。

相关部门对直接涉及群众切身利益的用地（用海）、环境影响、移民安置、社会稳定风险等事项已经进行实质性审查并出具了相关审批文件的，项目核准机关可不再就相关内容重复征求公众意见。

对于特别重大的项目，可以实行专家评议制度。除项目情况特别复杂外，专家评议时限原则上不得超过30个工作日。

第二十九条 项目核准机关可以根据评估意见、部门意见和公众意见等，要求项目单位对相关内容进行调整，或者对有关情况和文件做进一步澄清、补充。

第三十条 项目违反相关法律法规，或者不符合发展规划、产业政策和市场准入标准要求的，项目核准机关可以不经过委托评估、征求意见等程序，直接作出不予核准的决定。

第三十一条 项目核准机关应当在正式受理申报材料后20个工作日内作出是否予以核准的决定，或向上级项目核准机关提出审核意见。项目情况复杂或者需要征求有关单位意见的，经本行政机关主要负责人批准，可以延长核准时限，但延长的时限不得超过40个工作日，并应当将延长期限的理由告知项目单位。

项目核准机关需要委托评估或进行专家评议的，所需时间不计算在前款规定的期限内。项目核准机关应当将咨询评估或专家评议所需时间书面告知项目单位。

第三十二条 项目符合核准条件的，项目核准机关应当对项目予以核准并向项目单位出具项目核准文件。项目不符合核准条件的，项目核准机关应当出具不予核准的书面通知,并说明不予核准的理由。

属于国务院核准权限的项目,由国务院投资主管部门根据国务院的决定向项目单位出具项目核准文件或者不予核准的书面通知。

项目核准机关出具项目核准文件或者不予核准的书面通知应当抄送同级行业管理、城乡规划、国土资源、水行政管理、环境保护、节能审查等相关部门和下级机关。

第三十三条　项目核准文件和不予核准书面通知的格式文本,由国务院投资主管部门制定。

第三十四条　项目核准机关应制定内部工作规则,不断优化工作流程,提高核准工作效率。

第四章　项目核准的审查及效力

第三十五条　项目核准机关应当从以下方面对项目进行审查:

(一) 是否危害经济安全、社会安全、生态安全等国家安全;

(二) 是否符合相关发展建设规划、产业政策和技术标准;

(三) 是否合理开发并有效利用资源;

(四) 是否对重大公共利益产生不利影响。

项目核准机关应当制定审查工作细则,明确审查具体内容、审查标准、审查要点、注意事项及不当行为需要承担的后果等。

第三十六条　除本办法第二十二条要求提供的项目申请报告附送文件之外,项目单位还应在开工前依法办理其他相关手续。

第三十七条　取得项目核准文件的项目,有下列情形之一的,项目单位应当及时以书面形式向原项目核准机关提出变更申请。原项目核准机关应当自受理申请之日起 20 个工作日内作出是否同意变更的书面决定:

(一) 建设地点发生变更的;

(二) 投资规模、建设规模、建设内容发生较大变化的;

(三) 项目变更可能对经济、社会、环境等产生重大不利影响的;

（四）需要对项目核准文件所规定的内容进行调整的其他重大情形。

第三十八条 项目自核准机关出具项目核准文件或同意项目变更决定 2 年内未开工建设，需要延期开工建设的，项目单位应当在 2 年期限届满的 30 个工作日前，向项目核准机关申请延期开工建设。项目核准机关应当自受理申请之日起 20 个工作日内，作出是否同意延期开工建设的决定，并出具相应文件。

开工建设只能延期一次，期限最长不得超过 1 年。国家对项目延期开工建设另有规定的，依照其规定。

在 2 年期限内未开工建设也未按照规定向项目核准机关申请延期的，项目核准文件或同意项目变更决定自动失效。

第五章 项目备案

第三十九条 实行备案管理的项目，项目单位应当在开工建设前通过在线平台将相关信息告知项目备案机关，依法履行投资项目信息告知义务，并遵循诚信和规范原则。

第四十条 项目备案机关应当制定项目备案基本信息格式文本，具体包括以下内容：

（一）项目单位基本情况；

（二）项目名称、建设地点、建设规模、建设内容；

（三）项目总投资额；

（四）项目符合产业政策声明。

项目单位应当对备案项目信息的真实性、合法性和完整性负责。

第四十一条 项目备案机关收到本办法第四十条规定的全部信息即为备案。项目备案信息不完整的，备案机关应当及时以适当方式提醒和指导项目单位补正。

项目备案机关发现项目属产业政策禁止投资建设或者依法应实行核准管理，以及不属于固定资产投资项目、依法应实施审批管理、不属于本备案机关权限等情形的,应当通过在线平台及时告知企业予以纠正或者依法申请办理相关手续。

第四十二条 项目备案相关信息通过在线平台在相关部门之间实现互通共享。

项目单位需要备案证明的,可以通过在线平台自行打印或者要求备案机关出具。

第四十三条 项目备案后,项目法人发生变化,项目建设地点、规模、内容发生重大变更,或者放弃项目建设的,项目单位应当通过在线平台及时告知项目备案机关,并修改相关信息。

第四十四条 实行备案管理的项目,项目单位在开工建设前还应当根据相关法律法规规定办理其他相关手续。

第六章 监督管理

第四十五条 上级项目核准、备案机关应当加强对下级项目核准、备案机关的指导和监督,及时纠正项目管理中存在的违法违规行为。

第四十六条 项目核准和备案机关、行业管理、城乡规划(建设)、国家安全、国土(海洋)资源、环境保护、节能审查、金融监管、安全生产监管、审计等部门,应当按照谁审批谁监管、谁主管谁监管的原则,采取在线监测、现场核查等方式,依法加强对项目的事中事后监管。

项目核准、备案机关应当根据法律法规和发展规划、产业政策、总量控制目标、技术政策、准入标准及相关环保要求等,对项目进行监管。

城乡规划、国土(海洋)资源、环境保护、节能审查、安全监管、建设、行业管理等部门,应当履行法律法规赋予的监管职责,在各自职责范围内对项目进行监管。

金融监管部门应当加强指导和监督,引导金融机构按照商业原则,依法独立审贷。

审计部门应当依法加强对国有企业投资项目、申请使用政府投资资金的项目以及其他公共工程项目的审计监督。

第四十七条 各级地方政府有关部门应按照相关法律法规及职责分工,加强对本行政区域内项目的监督检查,发现违法违规行为的,应当依法予以处理,并通过在线平台登记相关违法违规信息。

第四十八条 对不符合法定条件的项目予以核准,或者超越法定职权予以核准的,应依法予以撤销。

第四十九条 各级项目核准、备案机关的项目核准或备案信息,以及国土(海洋)资源、城乡规划、水行政管理、环境保护、节能审查、安全监管、建设、工商等部门的相关手续办理信息、审批结果信息、监管(处罚)信息,应当通过在线平台实现互通共享。

第五十条 项目单位应当通过在线平台如实报送项目开工建设、建设进度、竣工的基本信息。

项目开工前,项目单位应当登录在线平台报备项目开工基本信息。项目开工后,项目单位应当按年度在线报备项目建设动态进度基本信息。项目竣工验收后,项目单位应当在线报备项目竣工基本信息。

第五十一条 项目单位有下列行为之一的,相关信息列入项目异常信用记录,并纳入全国信用信息共享平台:

(一)应申请办理项目核准但未依法取得核准文件的;

(二)提供虚假项目核准或备案信息,或者未依法将项目信息告知备案机关,或者已备案项目信息变更未告知备案机关的;

(三)违反法律法规擅自开工建设的;

(四)不按照批准内容组织实施的;

(五)项目单位未按本办法第五十条规定报送项目开工建设、建设进度、竣工等基本信息,或者报送虚假信息的;

(六)其他违法违规行为。

第七章 法律责任

第五十二条 项目核准、备案机关有下列情形之一的,由其上级行政机关责令改正，对负有责任的领导人员和直接责任人员由有关单位和部门依纪依法给予处分：

（一）超越法定职权予以核准或备案的；

（二）对不符合法定条件的项目予以核准的；

（三）对符合法定条件的项目不予核准的；

（四）擅自增减核准审查条件的，或者以备案名义变相审批、核准的；

（五）不在法定期限内作出核准决定的；

（六）不依法履行监管职责或者监督不力，造成严重后果的。

第五十三条 项目核准、备案机关及其工作人员，以及其他相关部门及其工作人员，在项目核准、备案以及相关审批手续办理过程中玩忽职守、滥用职权、徇私舞弊、索贿受贿的，对负有责任的领导人员和直接责任人员依法给予处分；构成犯罪的，依法追究刑事责任。

第五十四条 项目核准、备案机关，以及国土（海洋）资源、城乡规划、水行政管理、环境保护、节能审查、安全监管、建设等部门违反相关法律法规规定，未依法履行监管职责的，对直接负责的主管人员和其他直接责任人员，依法给予处分；构成犯罪的，依法追究刑事责任。

项目所在地的地方政府有关部门不履行企业投资监管职责的，对直接负责的主管人员和其他直接责任人员，依法给予处分。

第五十五条 企业以分拆项目、隐瞒有关情况或者提供虚假申报材料等不正当手段申请核准、备案的，项目核准机关不受理或者不予核准、备案，并给予警告。

第五十六条 实行核准管理的项目，企业未依法办理核准手续开工建设或者未按照核准的建设地点、建设规模、建设内容等进行建设的，由核准机关责令停止建设或者责令停产，对企业处项目总投资额1‰以上5‰以下的罚款；对直接负责的主管人员和其他直接责任人员处2万元以上5万元以下的罚款，属于国家工作人员的，依法给予处分。项目应视情况予以拆除或者补办相关手续。

以欺骗、贿赂等不正当手段取得项目核准文件，尚未开工建设的，由核准机关撤销核准文件，处项目总投资额1‰以上5‰以下的罚款；已经开工建设，依照前款规定予以处罚；构成犯罪的，依法追究刑事责任。

第五十七条 实行备案管理的项目，企业未依法将项目信息或者已备案项目信息变更情况告知备案机关，或者向备案机关提供虚假信息的，由备案机关责令限期改正；逾期不改正的，处2万元以上5万元以下的罚款。

第五十八条 企业投资建设产业政策禁止投资建设项目的，由县级以上人民政府投资主管部门责令停止建设或者责令停产并恢复原状，对企业处项目总投资额5‰以上10‰以下的罚款；对直接负责的主管人员和其他直接责任人员处5万元以上10万元以下的罚款，属于国家工作人员的，依法给予处分。

法律、行政法规另有规定的，依照其规定。

第五十九条 项目单位在项目建设过程中不遵守国土（海洋）资源、城乡规划、环境保护、节能、安全监管、建设等方面法律法规和有关审批文件要求的，相关部门应依法予以处理。

第六十条 承担项目申请报告编写、评估任务的工程咨询评估机构及其人员、参与专家评议的专家，在编制项目申请报告、受项目核准机关委托开展评估或者参与专家评议过程中，违反从业规定，造成重大损失和恶劣影响的，依法降低或撤销工程咨询单位资格，取消主要责任人员的相关职业资格。

第八章 附 则

第六十一条 本办法所称省级政府包括各省、自治区、直辖市及计划单列市人民政府和新疆生产建设兵团。

第六十二条 外商投资项目和境外投资项目的核准和备案管理办

法另行制定。

第六十三条 省级政府和国务院行业管理部门，可以按照《企业投资项目核准和备案管理条例》和本办法的规定，制订具体实施办法。

第六十四条 事业单位、社会团体等非企业组织在中国境内利用自有资金、不申请政府投资建设的固定资产投资项目，按照企业投资项目进行管理。

个人投资建设项目参照本办法的相关规定执行。

第六十五条 本办法由国家发展和改革委员会负责解释。

第六十六条 本办法自2017年4月8日起施行。《政府核准投资项目管理办法》（国家发展改革委令第11号）同时废止。

中华人民共和国企业所得税法

中华人民共和国主席令
第六十四号

《全国人民代表大会常务委员会关于修改〈中华人民共和国企业所得税法〉的决定》已由中华人民共和国第十二届全国人民代表大会常务委员会第二十六次会议于 2017 年 2 月 24 日通过，现予公布，自公布之日起施行。

中华人民共和国主席　习近平
2017 年 2 月 24 日

（2007 年 3 月 16 日第十届全国人民代表大会第五次会议通过；根据 2017 年 2 月 24 日第十二届全国人民代表大会常务委员会第二十六次会议修改）

第一章　总　则

第一条　在中华人民共和国境内，企业和其他取得收入的组织（以下统称企业）为企业所得税的纳税人，依照本法的规定缴纳企业所得税。

个人独资企业、合伙企业不适用本法。

第二条 企业分为居民企业和非居民企业。

本法所称居民企业,是指依法在中国境内成立,或者依照外国(地区)法律成立但实际管理机构在中国境内的企业。

本法所称非居民企业,是指依照外国(地区)法律成立且实际管理机构不在中国境内,但在中国境内设立机构、场所的,或者在中国境内未设立机构、场所,但有来源于中国境内所得的企业。

第三条 居民企业应当就其来源于中国境内、境外的所得缴纳企业所得税。

非居民企业在中国境内设立机构、场所的,应当就其所设机构、场所取得的来源于中国境内的所得,以及发生在中国境外但与其所设机构、场所有实际联系的所得,缴纳企业所得税。

非居民企业在中国境内未设立机构、场所的,或者虽设立机构、场所但取得的所得与其所设机构、场所没有实际联系的,应当就其来源于中国境内的所得缴纳企业所得税。

第四条 企业所得税的税率为25%。

非居民企业取得本法第三条第三款规定的所得,适用税率为20%。

第二章 应纳税所得额

第五条 企业每一纳税年度的收入总额,减除不征税收入、免税收入、各项扣除以及允许弥补的以前年度亏损后的余额,为应纳税所得额。

第六条 企业以货币形式和非货币形式从各种来源取得的收入,为收入总额。包括:

(一)销售货物收入;

(二)提供劳务收入;

（三）转让财产收入；

（四）股息、红利等权益性投资收益；

（五）利息收入；

（六）租金收入；

（七）特许权使用费收入；

（八）接受捐赠收入；

（九）其他收入。

第七条 收入总额中的下列收入为不征税收入：

（一）财政拨款；

（二）依法收取并纳入财政管理的行政事业性收费、政府性基金；

（三）国务院规定的其他不征税收入。

第八条 企业实际发生的与取得收入有关的、合理的支出，包括成本、费用、税金、损失和其他支出，准予在计算应纳税所得额时扣除。

第九条 企业发生的公益性捐赠支出，在年度利润总额12%以内的部分，准予在计算应纳税所得额时扣除；超过年度利润总额12%的部分，准予结转以后三年内在计算应纳税所得额时扣除。

第十条 在计算应纳税所得额时，下列支出不得扣除：

（一）向投资者支付的股息、红利等权益性投资收益款项；

（二）企业所得税税款；

（三）税收滞纳金；

（四）罚金、罚款和被没收财物的损失；

（五）本法第九条规定以外的捐赠支出；

（六）赞助支出；

（七）未经核定的准备金支出；

（八）与取得收入无关的其他支出。

第十一条 在计算应纳税所得额时，企业按照规定计算的固定资产折旧，准予扣除。

下列固定资产不得计算折旧扣除：

（一）房屋、建筑物以外未投入使用的固定资产；

（二）以经营租赁方式租入的固定资产；

（三）以融资租赁方式租出的固定资产；

（四）已足额提取折旧仍继续使用的固定资产；

（五）与经营活动无关的固定资产；

（六）单独估价作为固定资产入账的土地；

（七）其他不得计算折旧扣除的固定资产。

第十二条　在计算应纳税所得额时，企业按照规定计算的无形资产摊销费用，准予扣除。

下列无形资产不得计算摊销费用扣除：

（一）自行开发的支出已在计算应纳税所得额时扣除的无形资产；

（二）自创商誉；

（三）与经营活动无关的无形资产；

（四）其他不得计算摊销费用扣除的无形资产。

第十三条　在计算应纳税所得额时，企业发生的下列支出作为长期待摊费用，按照规定摊销的，准予扣除：

（一）已足额提取折旧的固定资产的改建支出；

（二）租入固定资产的改建支出；

（三）固定资产的大修理支出；

（四）其他应当作为长期待摊费用的支出。

第十四条　企业对外投资期间，投资资产的成本在计算应纳税所得额时不得扣除。

第十五条　企业使用或者销售存货，按照规定计算的存货成本，准予在计算应纳税所得额时扣除。

第十六条　企业转让资产，该项资产的净值，准予在计算应纳税所得额时扣除。

第十七条　企业在汇总计算缴纳企业所得税时，其境外营业机构的亏损不得抵减境内营业机构的盈利。

第十八条 企业纳税年度发生的亏损,准予向以后年度结转,用以后年度的所得弥补,但结转年限最长不得超过五年。

第十九条 非居民企业取得本法第三条第三款规定的所得,按照下列方法计算其应纳税所得额:

(一)股息、红利等权益性投资收益和利息、租金、特许权使用费所得,以收入全额为应纳税所得额;

(二)转让财产所得,以收入全额减除财产净值后的余额为应纳税所得额;

(三)其他所得,参照前两项规定的方法计算应纳税所得额。

第二十条 本章规定的收入、扣除的具体范围、标准和资产的税务处理的具体办法,由国务院财政、税务主管部门规定。

第二十一条 在计算应纳税所得额时,企业财务、会计处理办法与税收法律、行政法规的规定不一致的,应当依照税收法律、行政法规的规定计算。

第三章 应纳税额

第二十二条 企业的应纳税所得额乘以适用税率,减除依照本法关于税收优惠的规定减免和抵免的税额后的余额,为应纳税额。

第二十三条 企业取得的下列所得已在境外缴纳的所得税税额,可以从其当期应纳税额中抵免,抵免限额为该项所得依照本法规定计算的应纳税额;超过抵免限额的部分,可以在以后五个年度内,用每年度抵免限额抵免当年应抵税额后的余额进行抵补:

(一)居民企业来源于中国境外的应税所得;

(二)非居民企业在中国境内设立机构、场所,取得发生在中国境外但与该机构、场所有实际联系的应税所得。

第二十四条 居民企业从其直接或者间接控制的外国企业分得的

来源于中国境外的股息、红利等权益性投资收益，外国企业在境外实际缴纳的所得税税额中属于该项所得负担的部分，可以作为该居民企业的可抵免境外所得税税额，在本法第二十三条规定的抵免限额内抵免。

第四章　税收优惠

第二十五条　国家对重点扶持和鼓励发展的产业和项目，给予企业所得税优惠。

第二十六条　企业的下列收入为免税收入：

（一）国债利息收入；

（二）符合条件的居民企业之间的股息、红利等权益性投资收益；

（三）在中国境内设立机构、场所的非居民企业从居民企业取得与该机构、场所有实际联系的股息、红利等权益性投资收益；

（四）符合条件的非营利组织的收入。

第二十七条　企业的下列所得，可以免征、减征企业所得税：

（一）从事农、林、牧、渔业项目的所得；

（二）从事国家重点扶持的公共基础设施项目投资经营的所得；

（三）从事符合条件的环境保护、节能节水项目的所得；

（四）符合条件的技术转让所得；

（五）本法第三条第三款规定的所得。

第二十八条　符合条件的小型微利企业，减按20%的税率征收企业所得税。

国家需要重点扶持的高新技术企业，减按15%的税率征收企业所得税。

第二十九条　民族自治地方的自治机关对本民族自治地方的企业应缴纳的企业所得税中属于地方分享的部分，可以决定减征或者免征。自治州、自治县决定减征或者免征的，须报省、自治区、直辖市人民政府批准。

第三十条 企业的下列支出，可以在计算应纳税所得额时加计扣除：

（一）开发新技术、新产品、新工艺发生的研究开发费用；

（二）安置残疾人员及国家鼓励安置的其他就业人员所支付的工资。

第三十一条 创业投资企业从事国家需要重点扶持和鼓励的创业投资，可以按投资额的一定比例抵扣应纳税所得额。

第三十二条 企业的固定资产由于技术进步等原因，确需加速折旧的，可以缩短折旧年限或者采取加速折旧的方法。

第三十三条 企业综合利用资源，生产符合国家产业政策规定的产品所取得的收入，可以在计算应纳税所得额时减计收入。

第三十四条 企业购置用于环境保护、节能节水、安全生产等专用设备的投资额，可以按一定比例实行税额抵免。

第三十五条 本法规定的税收优惠的具体办法，由国务院规定。

第三十六条 根据国民经济和社会发展的需要，或者由于突发事件等原因对企业经营活动产生重大影响的，国务院可以制定企业所得税专项优惠政策，报全国人民代表大会常务委员会备案。

第五章　源泉扣缴

第三十七条 对非居民企业取得本法第三条第三款规定的所得应缴纳的所得税，实行源泉扣缴，以支付人为扣缴义务人。税款由扣缴义务人在每次支付或者到期应支付时，从支付或者到期应支付的款项中扣缴。

第三十八条 对非居民企业在中国境内取得工程作业和劳务所得应缴纳的所得税，税务机关可以指定工程价款或者劳务费的支付人为扣缴义务人。

第三十九条 依照本法第三十七条、第三十八条规定应当扣缴的所得税,扣缴义务人未依法扣缴或者无法履行扣缴义务的,由纳税人在所得发生地缴纳。纳税人未依法缴纳的,税务机关可以从该纳税人在中国境内其他收入项目的支付人应付的款项中,追缴该纳税人的应纳税款。

第四十条 扣缴义务人每次代扣的税款,应当自代扣之日起七日内缴入国库,并向所在地的税务机关报送扣缴企业所得税报告表。

第六章 特别纳税调整

第四十一条 企业与其关联方之间的业务往来,不符合独立交易原则而减少企业或者其关联方应纳税收入或者所得额的,税务机关有权按照合理方法调整。

企业与其关联方共同开发、受让无形资产,或者共同提供、接受劳务发生的成本,在计算应纳税所得额时应当按照独立交易原则进行分摊。

第四十二条 企业可以向税务机关提出与其关联方之间业务往来的定价原则和计算方法,税务机关与企业协商、确认后,达成预约定价安排。

第四十三条 企业向税务机关报送年度企业所得税纳税申报表时,应当就其与关联方之间的业务往来,附送年度关联业务往来报告表。

税务机关在进行关联业务调查时,企业及其关联方,以及与关联业务调查有关的其他企业,应当按照规定提供相关资料。

第四十四条 企业不提供与其关联方之间业务往来资料,或者提供虚假、不完整资料,未能真实反映其关联业务往来情况的,税务机关有权依法核定其应纳税所得额。

第四十五条 由居民企业,或者由居民企业和中国居民控制的设立在实际税负明显低于本法第四条第一款规定税率水平的国家(地区)的企业,并非由于合理的经营需要而对利润不作分配或者减少分配的,上述利润中应归属于该居民企业的部分,应当计入该居民企业的当期收入。

第四十六条 企业从其关联方接受的债权性投资与权益性投资的比例超过规定标准而发生的利息支出,不得在计算应纳税所得额时扣除。

第四十七条 企业实施其他不具有合理商业目的的安排而减少其应纳税收入或者所得额的,税务机关有权按照合理方法调整。

第四十八条 税务机关依照本章规定作出纳税调整,需要补征税款的,应当补征税款,并按照国务院规定加收利息。

第七章 征收管理

第四十九条 企业所得税的征收管理除本法规定外,依照《中华人民共和国税收征收管理法》的规定执行。

第五十条 除税收法律、行政法规另有规定外,居民企业以企业登记注册地为纳税地点;但登记注册地在境外的,以实际管理机构所在地为纳税地点。

居民企业在中国境内设立不具有法人资格的营业机构的,应当汇总计算并缴纳企业所得税。

第五十一条 非居民企业取得本法第三条第二款规定的所得,以机构、场所所在地为纳税地点。非居民企业在中国境内设立两个或者两个以上机构、场所的,经税务机关审核批准,可以选择由其主要机构、场所汇总缴纳企业所得税。

非居民企业取得本法第三条第三款规定的所得,以扣缴义务人所在地为纳税地点。

第五十二条 除国务院另有规定外,企业之间不得合并缴纳企业所得税。

第五十三条 企业所得税按纳税年度计算。纳税年度自公历1月1日起至12月31日止。

企业在一个纳税年度中间开业,或者终止经营活动,使该纳税年度的实际经营期不足十二个月的,应当以其实际经营期为一个纳税年度。

企业依法清算时,应当以清算期间作为一个纳税年度。

第五十四条 企业所得税分月或者分季预缴。

企业应当自月份或者季度终了之日起十五日内,向税务机关报送预缴企业所得税纳税申报表,预缴税款。

企业应当自年度终了之日起五个月内,向税务机关报送年度企业所得税纳税申报表,并汇算清缴,结清应缴应退税款。

企业在报送企业所得税纳税申报表时,应当按照规定附送财务会计报告和其他有关资料。

第五十五条 企业在年度中间终止经营活动的,应当自实际经营终止之日起六十日内,向税务机关办理当期企业所得税汇算清缴。

企业应当在办理注销登记前,就其清算所得向税务机关申报并依法缴纳企业所得税。

第五十六条 依照本法缴纳的企业所得税,以人民币计算。所得以人民币以外的货币计算的,应当折合成人民币计算并缴纳税款。

第八章 附 则

第五十七条 本法公布前已经批准设立的企业,依照当时的税收法律、行政法规规定,享受低税率优惠的,按照国务院规定,可以在本法施行后五年内,逐步过渡到本法规定的税率;享受定期减免税优惠的,按照国务院规定,可以在本法施行后继续享受到期满为止,但因未获利而尚未享受优惠的,优惠期限从本法施行年度起计算。

法律设置的发展对外经济合作和技术交流的特定地区内,以及国务院已规定执行上述地区特殊政策的地区内新设立的国家需要重点扶持的高新技术企业，可以享受过渡性税收优惠，具体办法由国务院规定。

国家已确定的其他鼓励类企业，可以按照国务院规定享受减免税优惠。

第五十八条 中华人民共和国政府同外国政府订立的有关税收的协定与本法有不同规定的，依照协定的规定办理。

第五十九条 国务院根据本法制定实施条例。

第六十条 本法自2008年1月1日起施行。1991年4月9日第七届全国人民代表大会第四次会议通过的《中华人民共和国外商投资企业和外国企业所得税法》和1993年12月13日国务院发布的《中华人民共和国企业所得税暂行条例》同时废止。

附 录

国家税务总局关于实施高新技术企业所得税优惠政策有关问题的公告

国家税务总局公告
2017年第24号

为贯彻落实高新技术企业所得税优惠政策，根据《科技部 财政部 国家税务总局关于修订印发〈高新技术企业认定管理办法〉的通知》（国科发火〔2016〕32号，以下简称《认定办法》）及《科技部 财政部 国家税务总局关于修订印发〈高新技术企业认定管理工作指引〉的通知》（国科发火〔2016〕195号，以下简称《工作指引》）以及相关税收规定，现就实施高新技术企业所得税优惠政策有关问题公告如下：

一、企业获得高新技术企业资格后，自高新技术企业证书注明的发证时间所在年度起申报享受税收优惠，并按规定向主管税务机关办理备案手续。

企业的高新技术企业资格期满当年，在通过重新认定前，其企业所得税暂按15%的税率预缴，在年底前仍未取得高新技术企业资格的，应按规定补缴相应期间的税款。

二、对取得高新技术企业资格且享受税收优惠的高新技术企业，税务部门如在日常管理过程中发现其在高新技术企业认定过程中或享受优惠期间不符合《认定办法》第十一条规定的认定条件的，应提请认定机构复核。复核后确认不符合认定条件的，由认定机构取消其高新技术企业资格，并通知税务机关追缴其证书有效期内自不符合认定条件年度起已享受的税收优惠。

三、享受税收优惠的高新技术企业，每年汇算清缴时应按照《国家税务总局关于发布〈企业所得税优惠政策事项办理办法〉的公告》（国家税务总局公告2015年第76号）规定向税务机关提交企业所得税优惠事项备案表、高新技术企业资格证书履行备案手续，同时妥善保管以下资料留存备查：

1. 高新技术企业资格证书；
2. 高新技术企业认定资料；
3. 知识产权相关材料；
4. 年度主要产品（服务）发挥核心支持作用的技术属于《国家重点支持的高新技术领域》规定范围的说明，高新技术产品（服务）及对应收入资料；
5. 年度职工和科技人员情况证明材料；
6. 当年和前两个会计年度研发费用总额及占同期销售收入比例、研发费用管理资料以及研发费用辅助账，研发费用结构明细表（具体格式见《工作指引》）；
7. 省税务机关规定的其他资料。

四、本公告适用于2017年度及以后年度企业所得税汇算清缴。2016年1月1日以后按《认定办法》认定的高新技术企业按本公告规定执行。2016年1月1日前按《科技部　财政部　国家税务总局关于印发〈高新技术企业认定管理办法〉的通知》（国科发火〔2008〕172号）认定的高新技术企业，仍按《国家税务总局关于实施高新技术企业所得税优惠有关问题的通知》（国税函〔2009〕203号）和国家税务总局公告2015年第76号的规定执行。

《国家税务总局关于高新技术企业资格复审期间企业所得税预缴问题的公告》（国家税务总局公告2011年第4号）同时废止。

特此公告。

国家税务总局
2017年6月19日

全国普法学习读本

企业法律法规学习读本
企业综合法律法规

曾 朝 主编

加大全民普法力度,建设社会主义法治文化,树立宪法法律至上、法律面前人人平等的法治理念。
——中国共产党第十九次全国代表大会《决胜全面建成小康社会 夺取新时代中国特色社会主义伟大胜利》

汕頭大學出版社

图书在版编目（CIP）数据

企业综合法律法规/曾朝主编. -- 汕头：汕头大学出版社，2023.4（重印）
（企业法律法规学习读本）
ISBN 978-7-5658-3321-2

Ⅰ.①企… Ⅱ.①曾… Ⅲ.①企业法-中国-学习参考资料 Ⅳ.①D922.291.914

中国版本图书馆 CIP 数据核字（2018）第 000664 号

企业综合法律法规　QIYE ZONGHE FALÜ FAGUI

主　　编：	曾　朝
责任编辑：	汪艳蕾
责任技编：	黄东生
封面设计：	大华文苑
出版发行：	汕头大学出版社
	广东省汕头市大学路 243 号汕头大学校园内　邮政编码：515063
电　　话：	0754-82904613
印　　刷：	三河市元兴印务有限公司
开　　本：	690mm×960mm 1/16
印　　张：	18
字　　数：	226 千字
版　　次：	2018 年 1 月第 1 版
印　　次：	2023 年 4 月第 2 次印刷
定　　价：	59.60 元（全 2 册）

ISBN 978-7-5658-3321-2

版权所有，翻版必究
如发现印装质量问题，请与承印厂联系退换

前　言

习近平总书记指出："推进全民守法，必须着力增强全民法治观念。要坚持把全民普法和守法作为依法治国的长期基础性工作，采取有力措施加强法制宣传教育。要坚持法治教育从娃娃抓起，把法治教育纳入国民教育体系和精神文明创建内容，由易到难、循序渐进不断增强青少年的规则意识。要健全公民和组织守法信用记录，完善守法诚信褒奖机制和违法失信行为惩戒机制，形成守法光荣、违法可耻的社会氛围，使遵法守法成为全体人民共同追求和自觉行动。"

中共中央、国务院曾经转发了中央宣传部、司法部关于在公民中开展法治宣传教育的规划，并发出通知，要求各地区各部门结合实际认真贯彻执行。通知指出，全民普法和守法是依法治国的长期基础性工作。深入开展法治宣传教育，是全面建成小康社会和新农村的重要保障。

普法规划指出：各地区各部门要根据实际需要，从不同群体的特点出发，因地制宜开展有特色的法治宣传教育坚持集中法治宣传教育与经常性法治宣传教育相结合，深化法律进机关、进乡村、进社区、进学校、进企业、进单位的"法律六进"主题活动，完善工作标准，建立长效机制。

特别是农业、农村和农民问题，始终是关系党和人民事业发展的全局性和根本性问题。党中央、国务院发布的《关于推进社会主义新农村建设的若干意见》中明确提出要"加强农村法制建设，深入开展农村普法教育，增强农民的法制观念，提高农民依法行使权利和履行义务的自觉性。"多年普法实践证明，普及法律知识，提高法制观念，增强全社会依法办事意识具有重要作用。特别是在广大农村进行普法教育，是提高全民法律素质的需要。

多年来，我国在农村实行的改革开放取得了极大成功，农村发生了翻天覆地的变化，广大农民生活水平大大得到了提高。但是，由于历史和社会等原因，现阶段我国一些地区农民文化素质还不高，不学法、不懂法、不守法现象虽然较原来有所改变，但仍有相当一部分群众的法制观念仍很淡化，不懂、不愿借助法律来保护自身权益，这就极易受到不法的侵害，或极易进行违法犯罪活动，严重阻碍了全面建成小康社会和新农村步伐。

为此，根据党和政府的指示精神以及普法规划，特别是根据广大农村农民的现状，在有关部门和专家的指导下，特别编辑了这套《全国普法学习读本》。主要包括了广大人民群众应知应懂、实际实用的法律法规。为了辅导学习，附录还收入了相应法律法规的条例准则、实施细则、解读解答、案例分析等；同时为了突出法律法规的实际实用特点，兼顾地方性和特殊性，附录还收入了部分某些地方性法律法规以及非法律法规的政策文件、管理制度、应用表格等内容，拓展了本书的知识范围，使法律法规更"接地气"，便于读者学习掌握和实际应用。

在众多法律法规中，我们通过甄别，淘汰了废止的，精选了最新的、权威的和全面的。但有部分法律法规有些条款不适应当下情况了，却没有颁布新的，我们又不能擅自改动，只得保留原有条款，但附录却有相应的补充修改意见或通知等。众多法律法规根据不同内容和受众特点，经过归类组合，优化配套。整套普法读本非常全面系统，具有很强的学习性、实用性和指导性，非常适合用于广大农村和城乡普法学习教育与实践指导。总之，是全国全民普法的良好读本。

目 录

企业名称登记管理实施办法

第一章　总　则 ……………………………………………（1）
第二章　企业名称 …………………………………………（2）
第三章　企业名称的登记注册 ……………………………（4）
第四章　企业名称的使用 …………………………………（7）
第五章　监督管理与争议处理 ……………………………（8）
第六章　附　则 ……………………………………………（9）

附　录

企业名称禁限用规则 …………………………………（10）
企业名称相同相近比对规则 …………………………（16）
企业登记程序规定 ……………………………………（19）
企业经营范围登记管理规定 …………………………（25）
工商总局关于全面推进企业简易注销登记改革的指导意见 …（29）
工商总局关于做好新形势下企业登记注册工作
　有关问题的通知 ……………………………………（34）
工商总局关于提高登记效率积极推进企业名称登记
　管理改革的意见 ……………………………………（38）
工商总局关于推行企业登记全程电子化工作的意见 …（43）
工商总局关于全面推进企业电子营业执照工作的意见 ……（49）

中华人民共和国企业法人登记管理条例

第一章　总　则 ……………………………………………（54）

— 1 —

第二章	登记主管机关	（54）
第三章	登记条件和申请登记单位	（55）
第四章	登记注册事项	（56）
第五章	开业登记	（56）
第六章	变更登记	（57）
第七章	注销登记	（58）
第八章	公示和证照管理	（58）
第九章	事业单位、科技性的社会团体从事经营活动的登记管理	（59）
第十章	监督管理	（59）
第十一章	附　则	（61）

附　录

　　中华人民共和国企业法人登记管理条例施行细则 …………（62）

企业信息公示暂行条例

企业信息公示暂行条例 ………………………………………（79）

附　录

　　国家企业信用信息公示系统使用运行管理办法（试行）……（85）

中华人民共和国企业破产法

第一章	总　则	（90）
第二章	申请和受理	（91）
第三章	管理人	（94）
第四章	债务人财产	（96）
第五章	破产费用和共益债务	（98）
第六章	债权申报	（99）
第七章	债权人会议	（101）
第八章	重　整	（104）

目　　录

第九章　和　解……………………………………（109）
第十章　破产清算…………………………………（111）
第十一章　法律责任………………………………（114）
第十二章　附　则…………………………………（115）
附　录
　最高人民法院关于适用《中华人民共和国企业破产法》
　　若干问题的规定（一）………………………（117）
　最高人民法院关于适用《中华人民共和国企业破产法》
　　若干问题的规定（二）………………………（120）
　最高人民法院关于执行案件移送破产审查若干问题的
　　指导意见………………………………………（132）

企业名称登记管理实施办法

国家工商行政管理总局令
第 10 号

《企业名称登记管理实施办法》已经中华人民共和国国家工商行政管理总局局务会议决定修改,现予公布,自 2004 年 7 月 1 日起施行。

国家工商行政管理总局局长
二〇〇四年六月十四日

(1999 年 12 月 8 日国家工商行政管理局令第 93 号公布;根据 2004 年 6 月 14 日国家工商行政管理总局令第 10 号修订)

第一章 总 则

第一条 为了加强和完善企业名称的登记管理,保护企业名称所有人的合法权益,维护公平竞争秩序,根据《企业名称登记管理规定》和有关法律、行政法规，制定本办法。

第二条 本办法适用于工商行政管理机关登记注册的企业法人和不具有法人资格的企业的名称。

第三条 企业应当依法选择自己的名称，并申请登记注册。企业自成立之日起享有名称权。

第四条 各级工商行政管理机关应当依法核准登记企业名称。超越权限核准的企业名称应当予以纠正。

第五条 工商行政管理机关对企业名称实行分级登记管理。国家工商行政管理总局主管全国企业名称登记管理工作，并负责核准下列企业名称：

（一）冠以"中国"、"中华"、"全国"、"国家"、"国际"等字样的；

（二）在名称中间使用"中国"、"中华"、"全国"、"国家"等字样的；

（三）不含行政区划的。

地方工商行政管理局负责核准前款规定以外的下列企业名称：

（一）冠以同级行政区划的；

（二）符合本办法第十二条的含有同级行政区划的。

国家工商行政管理总局授予外商投资企业核准登记权的工商行政管理局按本办法核准外商投资企业名称。

第二章 企业名称

第六条 企业法人名称中不得含有其他法人的名称，国家工商行政管理总局另有规定的除外。

第七条 企业名称中不得含有另一个企业名称。

企业分支机构名称应当冠以其所从属企业的名称。

第八条 企业名称应当使用符合国家规范的汉字，不得使用汉语拼音字母、阿拉伯数字。

企业名称需译成外文使用的,由企业依据文字翻译原则自行翻译使用,不需报工商行政管理机关核准登记。

第九条 企业名称应当由行政区划、字号、行业、组织形式依次组成,法律、行政法规和本办法另有规定的除外。

第十条 除国务院决定设立的企业外,企业名称不得冠以"中国"、"中华"、"全国"、"国家"、"国际"等字样。

在企业名称中间使用"中国"、"中华"、"全国"、"国家"、"国际"等字样的,该字样应是行业的限定语。

使用外国(地区)出资企业字号的外商独资企业、外方控股的外商投资企业,可以在名称中间使用"(中国)"字样。

第十一条 企业名称中的行政区划是本企业所在地县级以上行政区划的名称或地名。

市辖区的名称不能单独用作企业名称中的行政区划。市辖区名称与市行政区划连用的企业名称,由市工商行政管理局核准。

省、市、县行政区划连用的企业名称,由最高级别行政区的工商行政管理局核准。

第十二条 具备下列条件的企业法人,可以将名称中的行政区划放在字号之后,组织形式之前:

(一)使用控股企业名称中的字号;

(二)该控股企业的名称不含行政区划。

第十三条 经国家工商行政管理总局核准,符合下列条件之一的企业法人,可以使用不含行政区划的企业名称:

(一)国务院批准的;

(二)国家工商行政管理总局登记注册的;

(三)注册资本(或注册资金)不少于5000万元人民币的;

(四)国家工商行政管理总局另有规定的。

第十四条 企业名称中的字号应当由2个以上的字组成。

行政区划不得用作字号，但县以上行政区划的地名具有其他含义的除外。

第十五条 企业名称可以使用自然人投资人的姓名作字号。

第十六条 企业名称中的行业表述应当是反映企业经济活动性质所属国民经济行业或者企业经营特点的用语。

企业名称中行业用语表述的内容应当与企业经营范围一致。

第十七条 企业经济活动性质分别属于国民经济行业不同大类的，应当选择主要经济活动性质所属国民经济行业类别用语表述企业名称中的行业。

第十八条 企业名称中不使用国民经济行业类别用语表述企业所从事行业的，应当符合以下条件：

（一）企业经济活动性质分别属于国民经济行业5个以上大类；

（二）企业注册资本（或注册资金）1亿元以上或者是企业集团的母公司；

（三）与同一工商行政管理机关核准或者登记注册的企业名称中字号不相同。

第十九条 企业为反映其经营特点，可以在名称中的字号之后使用国家（地区）名称或者县级以上行政区划的地名。

上述地名不视为企业名称中的行政区划。

第二十条 企业名称不应当明示或者暗示有超越其经营范围的业务。

第三章 企业名称的登记注册

第二十一条 企业营业执照上只准标明一个企业名称。

第二十二条 设立公司应当申请名称预先核准。

法律、行政法规规定设立企业必须报经审批或者企业经营范围中有法律、行政法规规定必须报经审批项目的，应当在报送审批前办理企业名称预先核准,并以工商行政管理机关核准的企业名称报送审批。

设立其他企业可以申请名称预先核准。

第二十三条 申请企业名称预先核准,应当由全体出资人、合伙人、合作者(以下统称投资人)指定的代表或者委托的代理人,向有名称核准管辖权的工商行政管理机关提交企业名称预先核准申请书。

企业名称预先核准申请书应当载明企业的名称(可以载明备选名称)、住所、注册资本、经营范围、投资人名称或者姓名、投资额和投资比例、授权委托意见(指定的代表或者委托的代理人姓名、权限和期限),并由全体投资人签名盖章。

企业名称预先核准申请书上应当粘贴指定的代表或者委托的代理人身份证复印件。

第二十四条 直接到工商行政管理机关办理企业名称预先核准的,工商行政管理机关应当场对申请预先核准的企业名称作出核准或者驳回的决定。予以核准的,发给《企业名称预先核准通知书》;予以驳回的,发给《企业名称驳回通知书》。

通过邮寄、传真、电子数据交换等方式申请企业名称预先核准的,按照《企业登记程序规定》执行。

第二十五条 申请企业设立登记,已办理企业名称预先核准的,应当提交《企业名称预先核准通知书》。

设立企业名称涉及法律、行政法规规定必须报经审批,未能提交审批文件的,登记机关不得以预先核准的企业名称登记注册。

企业名称预先核准与企业登记注册不在同一工商行政管理机关办理的,登记机关应当自企业登记注册之日起30日内,将有关登记情况送核准企业名称的工商行政管理机关备案。

第二十六条 企业变更名称,应当向其登记机关申请变更登记。

企业申请变更的名称，属登记机关管辖的，由登记机关直接办理变更登记。

企业申请变更的名称，不属登记机关管辖的，按本办法第二十七条规定办理。

企业名称变更登记核准之日起 30 日内，企业应当申请办理其分支机构名称的变更登记。

第二十七条　申请企业名称变更登记，企业登记和企业名称核准不在同一工商行政管理机关的，企业登记机关应当对企业拟变更的名称进行初审，并向有名称管辖权的工商行政管理机关报送企业名称变更核准意见书。

企业名称变更核准意见书上应当载明原企业名称、拟变更的企业名称（备选名称）、住所、注册资本、经营范围、投资人名称或者姓名、企业登记机关的审查意见，并加盖公章。有名称管辖权的工商行政管理机关收到企业名称变更核准意见书后，应在 5 日内作出核准或驳回的决定，核准的，发给《企业名称变更核准通知书》；驳回的，发给《企业名称驳回通知书》。

登记机关应当在核准企业名称变更登记之日起 30 日内，将有关登记情况送核准企业名称的工商行政管理机关备案。

第二十八条　公司名称预先核准和公司名称变更核准的有效期为 6 个月，有效期满，核准的名称自动失效。

第二十九条　企业被撤销有关业务经营权，而其名称又表明了该项业务时，企业应当在被撤销该项业务经营权之日起 1 个月内，向登记机关申请变更企业名称等登记事项。

第三十条　企业办理注销登记或者被吊销营业执照，如其名称是经其他工商行政管理机关核准的，登记机关应当将核准注销登记情况或者行政处罚决定书送核准该企业名称的工商行政管理机关备案。

第三十一条　企业名称有下列情形之一的，不予核准：

（一）与同一工商行政管理机关核准或者登记注册的同行业企业名称字号相同，有投资关系的除外；

（二）与同一工商行政管理机关核准或者登记注册符合本办法第十八条的企业名称字号相同，有投资关系的除外；

（三）与其他企业变更名称未满1年的原名称相同；

（四）与注销登记或者被吊销营业执照未满3年的企业名称相同；

（五）其他违反法律、行政法规的。

第三十二条　工商行政管理机关应当建立企业名称核准登记档案。

第三十三条　《企业名称预先核准通知书》、《企业名称变更核准通知书》、《企业名称驳回通知书》及企业名称核准登记表格式样由国家工商行政管理总局统一制定。

第三十四条　外国（地区）企业名称，依据我国参加的国际公约、协定、条约等有关规定予以保护。

第四章　企业名称的使用

第三十五条　预先核准的企业名称在有效期内，不得用于经营活动，不得转让。

企业变更名称，在其登记机关核准变更登记前，不得使用《企业名称变更核准通知书》上核准变更的企业名称从事经营活动，也不得转让。

第三十六条　企业应当在住所处标明企业名称。

第三十七条　企业的印章、银行账户、信笺所使用的企业名称，应当与其营业执照上的企业名称相同。

第三十八条　法律文书使用企业名称，应当与该企业营业执照上的企业名称相同。

第三十九条　企业使用名称，应当遵循诚实信用的原则。

第五章 监督管理与争议处理

第四十条 各级工商行政管理机关对在本机关管辖地域内从事活动的企业使用企业名称的行为,依法进行监督管理。

第四十一条 已经登记注册的企业名称,在使用中对公众造成欺骗或者误解的,或者损害他人合法权益的,应当认定为不适宜的企业名称予以纠正。

第四十二条 企业因名称与他人发生争议,可以向工商行政管理机关申请处理,也可以向人民法院起诉。

第四十三条 企业请求工商行政管理机关处理名称争议时,应当向核准他人名称的工商行政管理机关提交以下材料:

(一) 申请书;

(二) 申请人的资格证明;

(三) 举证材料;

(四) 其他有关材料。

申请书应当由申请人签署并载明申请人和被申请人的情况、名称争议事实及理由、请求事项等内容。

委托代理的,还应当提交委托书和被委托人资格证明。

第四十四条 工商行政管理机关受理企业名称争议后,应当按以下程序在6个月内作出处理:

(一) 查证申请人和被申请人企业名称登记注册的情况;

(二) 调查核实申请人提交的材料和有关争议的情况;

(三) 将有关名称争议情况书面告知被申请人,要求被申请人在1个月内对争议问题提交书面意见;

(四) 依据保护工业产权的原则和企业名称登记管理的有关规定作出处理。

第六章 附 则

第四十五条 以下需在工商行政管理机关办理登记的名称，参照《企业名称登记管理规定》和本办法办理：

（一）企业集团的名称，其构成为：行政区划+字号+行业+"集团"字样；

（二）其他按规定需在工商行政管理机关办理登记的组织的名称。

第四十六条 企业名称预先核准申请书和企业名称变更核准意见书由国家工商行政管理总局统一制发标准格式文本，各地工商行政管理机关按照标准格式文本印制。

第四十七条 本办法自2004年7月1日起施行。

国家工商行政管理局《关于贯彻〈企业名称登记管理规定〉有关问题的通知》（工商企字〔1991〕第309号）、《关于执行〈企业名称登记管理规定〉有关问题的补充通知》《工商企字〔1992〕第283号》、《关于外商投资企业名称登记管理有关问题的通知》（工商企字〔1993〕第152号）同时废止。

国家工商行政管理总局其他文件中有关企业名称的规定，与《企业名称登记管理规定》和本办法抵触的，同时失效。

附 录

企业名称禁限用规则

工商总局关于印发《企业名称禁限用规则》《企业名称相同相近比对规则》的通知

工商企注字〔2017〕133号

各省、自治区、直辖市及计划单列市、副省级市工商行政管理局、市场监督管理部门：

为落实《工商总局关于提高登记效率积极推进企业名称登记管理改革的意见》（工商企注字〔2017〕54号）关于开放企业名称库、建立完善企业名称查询比对系统等工作要求，总局研究制定了《企业名称禁限用规则》《企业名称相同相近比对规则》，现予印发，请结合企业名称登记管理改革需要，认真按照有关规定和要求执行。

工商总局

2017年7月31日

第一章 总 则

第一条 为规范企业名称审核行为，建立、完善企业名称比对系统，为申请人提供更加便利的企业名称登记、核准服务，根据

《公司法》《企业法人登记管理条例》《公司登记管理条例》《企业名称登记管理规定》《企业名称登记管理实施办法》和工商总局有关规范性文件等制定本规则。

第二条 本规则适用于企业名称登记、核准有关业务。企业名称审核人员依据本规则对企业名称申请是否存在有关禁限用内容进行审查，按照有关规定作出核准或者驳回的决定。

第三条 企业登记机关可以依据本规则建立、完善企业名称比对系统，为申请人提供企业名称筛查服务。企业名称自主申报改革试点地区可以参照本规则，建立、完善比对、申报系统，为申请人提供自主申报、自负其责的登记服务。

第二章 禁止性规则

第四条 企业名称不得与同一企业登记机关已登记注册、核准的同行业企业名称相同。

以下情形适用于本条款规定：

（一）与同一登记机关已登记、或者已核准但尚未登记且仍在有效期内、或者已申请尚未核准的同行业企业名称相同；

（二）与办理注销登记未满1年的同行业企业名称相同；

（三）与同一登记机关企业变更名称未满1年的原同行业名称相同；

（四）与被撤销设立登记和被吊销营业执照尚未办理注销登记的同行业企业名称相同。

第五条 企业名称不得含有有损于国家、社会公共利益的内容和文字。

以下情形适用于本条款规定：

（一）有消极或不良政治影响的。如"支那""黑太阳""大地主"等。

（二）宣扬恐怖主义、分裂主义和极端主义的。如"九一一"

"东突""占中"等。

（三）带有殖民文化色彩，有损民族尊严和伤害人民感情的。如"大东亚""大和""福尔摩萨"等。

（四）带有种族、民族、性别等歧视倾向的。如"黑鬼"等。

（五）含有封建文化糟粕、违背社会良好风尚或不尊重民族风俗习惯的。如"鬼都""妻妾成群"等。

（六）涉及毒品、淫秽、色情、暴力、赌博的。如"海洛因""推牌九"等。

第六条 企业名称不得含有可能对公众造成欺骗或者误解的内容和文字。

以下情形适用于本条款规定：

（一）含有党和国家领导人、老一辈革命家、知名烈士和知名模范的姓名的。如"董存瑞""雷锋"等。

（二）含有非法组织名称或者反动政治人物、公众熟知的反面人物的姓名的。如"法轮功""汪精卫""秦桧"等。

（三）含有宗教组织名称或带有显著宗教色彩的。如"基督教""佛教""伊斯兰教"等。

第七条 企业名称不得含有外国国家（地区）名称、国际组织名称。

第八条 企业名称不得含有政党名称、党政军机关名称、群团组织名称、社会组织名称及部队番号。

第九条 企业名称应当使用符合国家规范的汉字，不得使用外文、字母和阿拉伯数字。

第十条 企业名称不得含有其他法律、行政法规规定禁止的内容和文字。

第十一条 企业名称应当由行政区划、字号、行业、组织形式依次组成。企业名称中的行政区划是本企业所在地县级以上行政区划的名称或地名。市辖区的名称不能单独用作企业名称中的行政区划。

第十二条 企业名称中的字号应当由2个以上的符合国家规范的汉字组成,行政区划、行业、组织形式不得用作字号。

第十三条 企业应当根据其主营业务,依照国家行业分类标准划分的类别,在企业名称中标明所属行业或者经营特点。国家法律、法规以及国务院决定等对企业名称中的行业有特殊要求的,应当在企业名称中标明。不得在企业名称中标示国家法律、法规以及国务院决定等禁止经营的行业。

第十四条 企业应当根据其组织结构或者责任形式在名称中标明符合国家法律、法规以及国务院决定规定的组织形式,不得使用与其组织结构或者责任形式不一致的组织形式。

第三章 限制性规则

第十五条 企业名称不得与同一企业登记机关已登记注册、核准的同行业企业名称近似,但有投资关系的除外。

第十六条 企业法人名称中不得含有其他非营利法人的名称,但有投资关系或者经该法人授权,且使用该法人简称或者特定称谓的除外。该法人的简称或者特定称谓有其他含义或者指向不确定的,可以不经授权。

第十七条 企业名称中不得含有另一个企业名称,但有投资关系或者经该企业授权,且使用该企业的简称或者特定称谓的除外。该企业的简称或者特定称谓有其他含义或者指向不确定的,可以不经授权。

第十八条 企业名称不得明示或者暗示为非营利组织或者超出企业设立的目的,但有其他含义或者法律、法规以及国务院决定另有规定的除外。

第十九条 除国务院决定设立的企业外,企业名称不得冠以"中国""中华""全国""国家""国际"等字样;在企业名称中间使用"中国""中华""全国""国家""国际"等字样的,该字样应是行业的限定语；使用外国（地区）出资企业字号的外商独资企业、外方控股的外商投资企业，可以在名称中间使用"（中国）"字样。以上三类企业名称需经工商总局核准，但在企业名称中间使用"国际"字样的除外。

第二十条　企业名称应当冠以企业所在地省（包括自治区、直辖市）或者市（包括州、地、盟）或者县（包括市辖区、自治县、旗）行政区划名称，但符合以下条件之一、经工商总局核准的，企业名称可以不含企业所在地行政区划：

（一）国务院批准的；

（二）工商总局登记注册的；

（三）注册资本（或注册资金）不少于5000万元人民币的；

（四）工商总局另有规定的。

第二十一条　市辖区名称与市行政区划连用的企业名称，由市企业登记机关核准。省、市、县行政区划连用的企业名称，由最高级别行政区的企业登记机关核准。上级企业登记机关可以授权下级机关核准应当由本机关核准的企业名称。

第二十二条　企业名称的字号应当由字、词或其组合构成，不得使用语句、句群和段落，但具有显著识别性或有其他含义的短句除外。

第二十三条　企业名称的字号不得含有"国家级""最高级""最佳"等带有误导性内容和文字，但有其他含义或者作部分使用、且字号整体有其他含义的除外。

第二十四条　企业名称的字号不得以外国国家（地区）所属辖区、城市名称及其简称、特定称谓作字号，但有其他含义或者作部分使用、且字号整体具有其他含义的除外。

第二十五条　行政区划不得用作字号，但县以上行政区划的地名具有其他含义的除外。

第二十六条　企业名称不得以职业、职位、学位、职称、军衔、警衔等及其简称、特定称谓作字号，但有其他含义或者作部分使用、且字号整体有其他含义的除外。

第二十七条 企业不得使用工商总局曾经给予驰名商标保护的规范汉字作同行业企业名称的字号，但已经取得该驰名商标持有人授权的除外。

第二十八条 企业名称中的行业不得使用与主营业务不一致的用语表述，符合以下条件的可以不使用国民经济行业类别用语表述企业所从事的行业：

（一）企业经济活动性质分别属于国民经济行业5个以上大类；

（二）企业注册资本（或注册资金）1亿元以上或者是企业集团的母公司；

（三）与同一企业登记机关登记、核准的同类别企业名称中的字号不相同。

第二十九条 法律、法规、国务院决定以及工商总局规章、规范性文件对企业名称的行业表述有特别规定的从其规定。

第四章 附 则

第三十条 地方企业登记机关可以根据地方性法规、政府规定，细化禁限用内容。

第三十一条 农民专业合作社、个体工商户和非法人分支机构（营业单位）名称的登记、核准，参照本规则执行。

第三十二条 本规则根据相关法律、法规以及国务院决定等的调整适时调整并公布。

第三十三条 本规则由工商总局解释。

企业名称相同相近比对规则

工商总局关于印发《企业名称禁限用规则》
《企业名称相同相近比对规则》的通知
工商企注字〔2017〕133号

各省、自治区、直辖市及计划单列市、副省级市工商行政管理局、市场监督管理部门：

为落实《工商总局关于提高登记效率积极推进企业名称登记管理改革的意见》（工商企注字〔2017〕54号）关于开放企业名称库、建立完善企业名称查询比对系统等工作要求，总局研究制定了《企业名称禁限用规则》《企业名称相同相近比对规则》，现予印发，请结合企业名称登记管理改革需要，认真按照有关规定和要求执行。

工商总局
2017年7月31日

第一条 为进一步推进企业名称登记管理改革，建立、完善企业名称比对系统，为申请人提供高效比对服务，依据《企业名称登记管理规定》《企业名称登记管理实施办法》《工商总局关于提高登记效率积极推进企业名称登记管理改革的意见》（工商企注字〔2017〕54号）等制定本规则。

第二条 本规则适用于企业登记机关利用信息化技术，建立、完善企业名称比对系统，为申请人申请企业名称提供比对服务。企业登记机关应当将比对结果以在线网页等方式呈现给申请人，供其参考、选择。

第三条 申请人提交的企业名称登记、核准申请有下列情形之一的，比对系统提示为企业名称相同：

（一）与同一企业登记机关已登记、核准的企业名称完全相同。

（二）与同一企业登记机关已登记、核准的企业名称行政区划、字号、行业和组织形式排列顺序不同但文字相同。如：北京红光酒业发展有限公司与红光（北京）酒业发展有限公司。

（三）与同一企业登记机关已登记、核准的企业名称字号、行业文字相同但行政区划或者组织形式不同。如：北京红光酒业有限公司与红光酒业有限公司；北京红光酒业有限公司与北京红光酒厂。

第四条 申请人提交的企业名称登记、核准申请有下列情形之一的，比对系统提示为企业名称相近：

（一）与同一企业登记机关已登记、核准的同行业企业名称字号相同，行业表述不同但含义相同。如：万青地产有限公司与万青房地产有限公司、万青置业有限公司。

（二）与同一企业登记机关已登记、核准的同行业企业名称字号的字音相同，行业表述相同或者行业表述不同但内容相同。如：北京牛栏山酒业有限公司与北京牛兰山酒业有限公司、北京牛蓝山白酒有限公司。

（三）字号包含同一企业登记机关已登记、核准同行业企业名称字号或者被其包含，行业表述相同或者行业表述不同但内容相同。如：北京阿里巴巴网络科技有限公司与北京阿里巴巴巴巴网络科技有限公司、北京阿里巴巴在线信息科技有限公司。

（四）字号与同一企业登记机关已登记、核准同行业企业名称字号部分字音相同，行业表述相同或者行业表述不同但内容相同。如：北京阿里巴巴科技有限公司与北京马云阿理巴巴科技有限公司、北京阿理巴巴金控技术有限公司。

（五）不含行业表述或者以实业、发展等不使用国民经济行业分类用语表述行业的，包含或者被包含同一企业登记机关已登记、核准的同类别企业名称的字号，或者其字号的字音相同，或者其包含、被包含的部分字音相同。如：北京牛兰山有限公司与北京金牛栏山有限公司；北京全聚德有限公司与北京荃巨得有限公司、北京宏荃聚德实业有限公司。

第五条 申请人通过比对系统查询申请企业名称时，拟申请的企业名称与同一企业登记机关已登记、核准的企业名称相同的，列出相同的企业名称，提示该申请不能通过；拟申请的企业名称与同一企业登记机关已登记、核准的企业名称相近的，列出相近的企业名称清单，提示该申请可以通过，但存在审核不予核准的可能，存在虽然核准，但在使用中可能面临侵权纠纷，甚至以不适宜的企业名称被强制变更的风险。

第六条 地方企业登记机关可以根据地方政府要求、改革需要和技术条件等，细化比对规则，不断提高比对智能化服务水平。

第七条 农民专业合作社、个体工商户名称和非法人分支机构（营业单位）的比对，参照本规则执行。

第八条 本规则由工商总局解释。

企业登记程序规定

国家工商行政管理总局令

第9号

《企业登记程序规定》已经中华人民共和国国家工商行政管理总局局务会议审议通过,现予公布,自2004年7月1日起施行。

国家工商行政管理总局局长
二〇〇四年六月十日

第一章 总 则

第一条 为了规范企业登记行为,提高登记效率,根据《行政许可法》及有关法律、行政法规,制定本规定。

第二条 企业的设立登记、变更登记、注销登记及企业名称预先核准适用本规定。

第三条 企业登记机关依法对申请材料是否齐全、是否符合法定形式进行审查。根据法定条件和程序,需要对申请材料的实质内容进行核实的,依法进行核实。

第四条 企业登记机关应当设立企业登记场所,统一办理企业登记事宜。

有条件的企业登记机关应当建立企业登记网站,受理企业登记申请,方便申请人下载申请书格式文本、提交申请材料、查询企业登记办理情况和企业登记管理规定等。

第五条 企业登记机关工作人员在职责范围内,对企业登记申请进行审查，代表企业登记机关作出是否受理、登记的决定。

第二章 登记申请

第六条 申请企业登记，申请人或者其委托的代理人可以采取以下方式提交申请：

（一）直接到企业登记场所；

（二）邮寄、传真、电子数据交换、电子邮件等。

通过传真、电子数据交换、电子邮件等方式提交申请的，应当提供申请人或者其代理人的联络方式及通讯地址。对企业登记机关予以受理的申请，申请人应当自收到《受理通知书》之日起十五日内，提交与传真、电子数据交换、电子邮件内容一致并符合法定形式的申请材料原件。

第七条 申请人应当按照国家工商行政管理总局制定的申请书格式文本提交申请，并按照企业登记法律、行政法规和国家工商行政管理总局规章的规定提交有关材料。

涉及法律、行政法规和国务院发布的决定确定的企业登记前置许可项目的，申请人应当提交法定形式的许可证件或者批准文件。

第八条 申请人应当如实向企业登记机关提交有关材料和反映真实情况，并对其申请材料实质内容的真实性负责。

第三章 审查、受理和决定

第九条 登记机关收到登记申请后，应当对申请材料是否齐全、是否符合法定形式进行审查。

申请材料齐全是指国家工商行政管理总局依照企业登记法律、行政法规和规章公布的要求申请人提交的全部材料。

申请材料符合法定形式是指申请材料符合法定时限、记载事项符合法定要求、文书格式符合规范。

第十条 经对申请人提交的登记申请审查，企业登记机关应当根据下列情况分别作出是否受理的决定：

（一）申请材料齐全、符合法定形式的，应当决定予以受理。

（二）申请材料齐全并符合法定形式，但申请材料需要核实的，应当决定予以受理，同时书面告知申请人需要核实的事项、理由及时间。

（三）申请材料存在可以当场更正的错误的，应当允许有权更正人当场予以更正，由更正人在更正处签名或者盖章、注明更正日期；经确认申请材料齐全，符合法定形式的，应当决定予以受理。

（四）申请材料不齐全或者不符合法定形式的，应当当场或者在五日内一次告知申请人需要补正的全部内容。告知时，将申请材料退回申请人并决定不予受理。属于五日内告知的，应当收取材料并出具收到材料凭据。

（五）不属于企业登记范畴或者不属于本机关登记管辖范围的事项，应当即时决定不予受理，并告知申请人向有关行政机关申请。

通过邮寄、传真、电子数据交换、电子邮件等方式提交申请的，应当自收到申请之日起五日内作出是否受理的决定。

本规定所称有权更正人，是指申请人或者经申请人明确授权，可以对申请材料相关事项及文字内容加以更改的经办人员。

第十一条　企业登记机关认为需要对申请材料的实质内容进行核实的，应当派两名以上工作人员，对申请材料予以核实。经核实后，提交"申请材料核实情况报告书"，根据核实情况作出是否准予登记的决定。

第十二条　企业登记机关对决定受理的登记申请，应当分别情况在规定的期限内作出是否准予登记的决定：

（一）申请人或者其委托的代理人到企业登记场所提交申请予以受理的，应当当场作出准予登记的决定。

（二）通过邮寄的方式提交申请予以受理的，应当自受理之日起十五日内作出准予登记的决定。

（三）通过传真、电子数据交换、电子邮件等方式提交申请的，申请人或者其委托的代理人到企业登记场所提交申请材料原件的，应当当场作出准予登记的决定；通过邮寄方式提交申请材料原件的，应当自收到申请材料原件之日起十五日内作出准予登记的决定；申请人提交的申请材料原件与所受理的申请材料不一致的，应当作出不予登记的决定；将申请材料原件作为新申请的，应当根据第九条、第十条、第十一条、第十二条的规定办理。企业登记机关自发出《受理通知书》之日起六十日内，未收到申请材料原件的，应当作出不予登记的决定。

需要对申请材料核实的，应当自受理之日起十五日内作出是否准予登记的决定。

第十三条 依法应当先经下级企业登记机关审查后报上级登记机关决定的企业登记申请，下级企业登记机关应当自受理之日起十五日内提出审查意见。

第十四条 地方人民政府规定由企业登记机关统一受理，并转告相关部门实行互联审批的，审批程序及期限按照地方人民政府规定执行。

第十五条 除本规定第十二条第（一）项作出准予登记决定的外，企业登记机关决定予以受理的，应当出具《受理通知书》；决定不予受理的，应当出具《不予受理通知书》，并注明不予受理的理由。

第十六条 企业登记机关作出准予企业名称预先核准的，应当出具《企业名称预先核准通知书》；作出准予企业设立登记的，应当出具《准予设立登记通知书》，告知申请人自决定之日起十日内，领取营业执照；作出准予企业变更登记的，应当出具《准予变更登记通知书》，告知申请人自决定之日起十日内，换发营业执照；作出准予企业注销登记的，应当出具《准予注销登记通知书》，收缴营业执照。

企业登记机关作出不予登记决定的,应当出具《登记驳回通知书》,注明不予登记的理由,并告知申请人享有依法申请行政复议或者提起行政诉讼的权利。

第四章 撤销和吊销的注销登记

第十七条 有下列情形之一的,企业登记机关或者其上级机关根据利害关系人的请求或者依据职权,可以撤销登记:

(一) 滥用职权、玩忽职守作出准予登记决定的;

(二) 超越法定职权作出准予登记决定的;

(三) 对不具备申请资格或者不符合法定条件的申请人作出准予登记决定的;

(四) 依法可以撤销作出准予登记决定的其他情形。

被许可人以欺骗、贿赂等不正当手段取得登记的,应当予以撤销。

依照前两款规定撤销登记,可能对公共利益造成重大损害的,不予撤销,应当责令改正或者予以纠正。

第十八条 企业被依法撤销设立登记或者吊销营业执照的,应当停止经营活动,依法组织清算。自清算结束之日起三十日内,由清算组织依法申请注销登记。

第十九条 被依法撤销设立登记或者吊销营业执照的企业,其设立的非法人分支机构应当停止经营活动,依法办理注销登记;其投资设立的相关企业应当依法办理变更登记或者注销登记。

第五章 登记公示、公开

第二十条 企业登记机关应当在企业登记场所公示以下内容:

(一) 登记事项;

(二) 登记依据;

（三）登记条件；

（四）登记程序及期限；

（五）提交申请材料目录；

（六）登记收费标准及依据；

（七）申请书格式示范文本。

应申请人的要求，企业登记机关应当就前款公示内容，予以说明、解释。

第二十一条　企业登记机关应当建立企业登记簿，供社会查阅。

企业登记材料涉及国家秘密、商业秘密和个人隐私的，企业登记机关不得对外公开。

第六章　附　则

第二十二条　本规定所称企业包括各类企业及其分支机构。

第二十三条　企业集团、外国（地区）企业常驻代表机构、外国（地区）企业在中国境内从事生产经营活动的登记参照本规定。

第二十四条　本规定自2004年7月1日起施行。

企业经营范围登记管理规定

国家工商行政管理总局令

第 76 号

《企业经营范围登记管理规定》已经国家工商行政管理总局局务会议审议通过，现予公布，自 2015 年 10 月 1 日起施行。

国家工商行政管理总局局长

2015 年 8 月 27 日

第一条　为了规范企业经营范围登记管理，规范企业经营行为，保障企业合法权益，依据有关企业登记管理法律、行政法规制定本规定。

第二条　本规定适用于在中华人民共和国境内登记的企业。

第三条　经营范围是企业从事经营活动的业务范围，应当依法经企业登记机关登记。

申请人应当参照《国民经济行业分类》选择一种或多种小类、中类或者大类自主提出经营范围登记申请。对《国民经济行业分类》中没有规范的新兴行业或者具体经营项目，可以参照政策文件、行业习惯或者专业文献等提出申请。

企业的经营范围应当与章程或者合伙协议规定相一致。经营范围发生变化的，企业应对章程或者合伙协议进行修订，并向企业登记机关申请变更登记。

第四条　企业申请登记的经营范围中属于法律、行政法规或者国务院决定规定在登记前须经批准的经营项目（以下称前置许可经营项目)的,应当在申请登记前报经有关部门批准后,凭审批机关的批准文件、证件向企业登记机关申请登记。

企业申请登记的经营范围中属于法律、行政法规或者国务院决定等规定在登记后须经批准的经营项目(以下称后置许可经营项目)的,依法经企业登记机关核准登记后,应当报经有关部门批准方可开展后置许可经营项目的经营活动。

第五条 企业登记机关依照审批机关的批准文件、证件登记前置许可经营项目。批准文件、证件对前置许可经营项目没有表述的,依照有关法律、行政法规或者国务院决定的规定和《国民经济行业分类》登记。

前置许可经营项目以外的经营项目,企业登记机关根据企业的章程、合伙协议或者申请,参照《国民经济行业分类》及有关政策文件、行业习惯或者专业文献登记。

企业登记机关应当在经营范围后标注"(依法须经批准的项目,经相关部门批准后方可开展经营活动)"。

第六条 企业经营范围中包含许可经营项目的,企业应当自取得审批机关的批准文件、证件之日起20个工作日内,将批准文件、证件的名称、审批机关、批准内容、有效期限等事项通过企业信用信息公示系统向社会公示。其中,企业设立时申请的经营范围中包含前置许可经营项目的,企业应当自成立之日起20个工作日内向社会公示。

审批机关的批准文件、证件发生变更的,企业应当自批准变更之日起20个工作日内,将有关变更事项通过企业信用信息公示系统向社会公示。

第七条 企业的经营范围应当包含或者体现企业名称中的行业或者经营特征。跨行业经营的企业,其经营范围中的第一项经营项目所属的行业为该企业的行业。

第八条 企业变更经营范围应当自企业作出变更决议或者决定

之日起30日内向企业登记机关申请变更登记。其中，合伙企业、个人独资企业变更经营范围应当自作出变更决定之日起15日内向企业登记机关申请变更登记。

企业变更经营范围涉及前置许可经营项目，或者其批准文件、证件发生变更的，应当自审批机关批准之日起30日内凭批准文件、证件向企业登记机关申请变更登记。

企业变更经营范围涉及后置许可经营项目，其批准文件、证件记载的经营项目用语与原登记表述不一致或者发生变更的，可以凭批准文件、证件向企业登记机关申请变更登记。

第九条　因分立或者合并而新设立的企业申请从事前置许可经营项目的，应当凭审批机关的批准文件、证件向企业登记机关申请登记；因分立或者合并而存续的企业申请从事前置许可经营项目的，变更登记前已经审批机关批准的，不需重新办理审批手续。

第十条　企业改变类型的，改变类型前已经审批机关批准的前置许可经营项目，企业不需重新办理审批手续。法律、行政法规或者国务院决定另有规定的除外。

第十一条　企业变更出资人的，原已经审批机关批准的前置许可经营项目，变更出资人后不需重新办理审批手续。法律、行政法规或者国务院决定另有规定的除外。

企业的出资人由境内投资者变为境外投资者，或者企业的出资人由境外投资者变为境内投资者的，企业登记机关应当依照审批机关的批准文件、证件重新登记经营范围。

第十二条　不能独立承担民事责任的分支机构（以下简称分支机构），其经营范围不得超出所隶属企业的经营范围。法律、行政法规或者国务院决定另有规定的除外。

审批机关单独批准分支机构经营前置许可经营项目的，企业应当凭分支机构的前置许可经营项目的批准文件、证件申请增加相应经营范围，并在申请增加的经营范围后标注"（分支机构经营）"字样。

分支机构经营所隶属企业经营范围中前置许可经营项目的，应当报经审批机关批准。法律、行政法规或者国务院决定另有规定的除外。

第十三条 企业申请的经营范围中有下列情形的，企业登记机关不予登记：

（一）属于前置许可经营项目，不能提交审批机关的批准文件、证件的；

（二）法律、行政法规或者国务院决定规定特定行业的企业只能从事经过批准的项目而企业申请其他项目的；

（三）法律、行政法规或者国务院决定等规定禁止企业经营的。

第十四条 企业有下列情形的，应当停止有关项目的经营并及时向企业登记机关申请办理经营范围变更登记或者注销登记：

（一）经营范围中属于前置许可经营项目以外的经营项目，因法律、行政法规或者国务院决定规定调整为前置许可经营项目后，企业未按有关规定申请办理审批手续并获得批准的；

（二）经营范围中的前置许可经营项目，法律、行政法规或者国务院决定规定重新办理审批，企业未按有关规定申请办理审批手续并获得批准的；

（三）经营范围中的前置许可经营项目，审批机关批准的经营期限届满，企业未重新申请办理审批手续并获得批准的；

（四）经营范围中的前置许可经营项目被吊销、撤销许可证或者其他批准文件的。

第十五条 企业未经批准、登记从事经营活动的，依照有关法律、法规的规定予以查处。

第十六条 本规定由国家工商行政管理总局负责解释。

第十七条 本规定自2015年10月1日起施行。2004年6月14日国家工商行政管理总局令第12号公布的《企业经营范围登记管理规定》同时废止。

工商总局关于全面推进企业简易注销登记改革的指导意见

工商企注字〔2016〕253号

各省、自治区、直辖市工商行政管理局、市场监督管理部门：

为进一步深化商事制度改革，完善市场主体退出机制，根据《国务院关于促进市场公平竞争维护市场正常秩序的若干意见》（国发〔2014〕20号）、《国务院关于印发2016年推进简政放权放管结合优化服务改革工作要点的通知》（国发〔2016〕30号），自2017年3月1日起，在全国范围内全面实行企业简易注销登记改革。现就推进企业简易注销登记改革，实现市场主体退出便利化，提出如下意见：

一、持续深化商事制度改革，充分认识推进企业简易注销登记改革的重大意义

深化商事制度改革，是党中央、国务院作出的重大决策，是在新形势下全面深化改革的重大举措。2014年3月1日以来，注册资本登记制度改革在全国范围内全面实施。通过改革，还权于市场、还权于市场主体，大幅度降低了企业设立门槛，极大地激发了市场活力和社会投资热情，市场主体数量快速增长。市场准入高效便捷的同时，退出渠道仍然不畅。根据现行法律规定，注销企业程序复杂、耗时较长，一定程度上影响了市场机制效率。

2015年以来，一些地方开展了企业简易注销登记改革试点，让真正有退出需求、债务关系清晰的企业快捷便利退出市场，重新整合资源，享受到商事制度改革的红利。企业简易注销登记有助于提升市场退出效率，提高社会资源利用效率；有助于降低市场主体退出成本，对于进一步提高政府效能，优化营商环境，持续激发市场

活力,释放改革红利具有重要意义。

各地要充分认识全面推进企业简易注销登记改革的重大意义,在坚持"便捷高效、公开透明、控制风险"的基本原则基础上,对未开业企业和无债权债务企业实行简易注销登记程序。要兼顾依法行政和改革创新,按照条件适当、程序简约的要求,创新登记方式,提高登记效率;公开办理企业简易注销登记的申请条件、登记程序、审查要求和审查期限,优化登记流程;强化企业的诚信义务和法律责任,加强社会监督,保障交易安全,维护公平竞争的市场秩序。

二、规范简易注销行为,为企业提供便捷高效的市场退出服务

(一)明确适用范围,尊重企业自主权

贯彻加快转变政府职能和简政放权改革要求,充分尊重企业自主权和自治权,对领取营业执照后未开展经营活动(以下称未开业)、申请注销登记前未发生债权债务或已将债权债务清算完结(以下称无债权债务)的有限责任公司、非公司企业法人、个人独资企业、合伙企业,由其自主选择适用一般注销程序或简易注销程序。

企业有下列情形之一的,不适用简易注销程序:涉及国家规定实施准入特别管理措施的外商投资企业;被列入企业经营异常名录或严重违法失信企业名单的;存在股权(投资权益)被冻结、出质或动产抵押等情形;有正在被立案调查或采取行政强制、司法协助、被予以行政处罚等情形的;企业所属的非法人分支机构未办理注销登记的;曾被终止简易注销程序的;法律、行政法规或者国务院决定规定在注销登记前需经批准的;不适用企业简易注销登记的其他情形。

人民法院裁定强制清算或裁定宣告破产的,有关企业清算组、企业管理人可持人民法院终结强制清算程序的裁定或终结破产程序的裁定,向被强制清算人或破产人的原登记机关申请办理简易注销登记。

(二)简化登记程序,提高登记效率

企业申请简易注销登记应当先通过国家企业信用信息公示系统《简易注销公告》专栏主动向社会公告拟申请简易注销登记及全体

投资人承诺等信息（强制清算终结和破产程序终结的企业除外），公告期为45日。登记机关应当同时通过国家企业信用信息公示系统将企业拟申请简易注销登记的相关信息推送至同级税务、人力资源和社会保障等部门，涉及外商投资企业的还要推送至同级商务主管部门。公告期内，有关利害关系人及相关政府部门可以通过国家企业信用信息公示系统《简易注销公告》专栏"异议留言"功能提出异议并简要陈述理由。公告期满后，企业方可向企业登记机关提出简易注销登记申请。

简化企业需要提交的申请材料。将全体投资人作出解散的决议（决定）、成立清算组、经其确认的清算报告等文书合并简化为全体投资人签署的包含全体投资人决定企业解散注销、组织并完成清算工作等内容的《全体投资人承诺书》（见附件1）。企业在申请简易注销登记时只需要提交《申请书》《指定代表或者共同委托代理人授权委托书》《全体投资人承诺书》（强制清算终结的企业提交人民法院终结强制清算程序的裁定，破产程序终结的企业提交人民法院终结破产程序的裁定）、营业执照正、副本即可，不再提交清算报告、投资人决议、清税证明、清算组备案证明、刊登公告的报纸样张等材料（企业登记申请文书规范和企业登记提交材料规范（2015年版）已相应修订）（见附件2）。

登记机关在收到申请后，应当对申请材料进行形式审查，也可利用国家企业信用信息公示系统对申请简易注销登记企业进行检索检查，对于不适用简易注销登记限制条件的申请，书面（电子或其他方式）告知申请人不符合简易注销条件；对于公告期内被提出异议的企业，登记机关应当在3个工作日内依法作出不予简易注销登记的决定；对于公告期内未被提出异议的企业，登记机关应当在3个工作日内依法作出准予简易注销登记的决定。

（三）明晰各方责任，保护合法权利

企业应当对其公告的拟申请简易注销登记和全体投资人承诺、

向登记机关提交材料的真实性、合法性负责。《全体投资人承诺书》是实施监督管理的依据。企业在简易注销登记中隐瞒真实情况、弄虚作假的，登记机关可以依法做出撤销注销登记等处理，在恢复企业主体资格的同时将该企业列入严重违法失信企业名单，并通过国家企业信用信息公示系统公示，有关利害关系人可以通过民事诉讼主张其相应权利。

对恶意利用企业简易注销程序逃避债务或侵害他人合法权利的，有关利害关系人可以通过民事诉讼，向投资人主张其相应民事责任，投资人违反法律、法规规定，构成犯罪的，依法追究刑事责任。

三、加强组织保障，确保企业简易注销登记改革各项工作的有序开展

（一）加强组织领导

各地要切实加强组织领导，周密安排部署，明确职责分工，注重加强与法院、检察、人力资源和社会保障、商务、税务等部门信息沟通，做好工作衔接，确保改革各项举措的有序开展、落地生根。

（二）完善制度措施

已经开展企业简易注销登记改革试点的地方，要做好改革举措实施评估和跟踪调查工作，在本指导意见框架下及时调整完善相关制度措施和工作流程。尚未开展试点的地方，要认真按照指导意见要求制定企业简易注销登记内部工作制度和工作流程，编制企业简易注销登记告知单、办事指南等材料。

（三）强化实施保障

各地要依托现代信息技术，及时改造升级企业登记业务系统软件，增加企业简易注销登记和简易注销登记限制条件的自动提示功能，完善国家企业信用信息公示系统相应功能，做好与有关部门的信息共享工作，切实强化实行企业简易注销登记的网络运行环境、办公设备、经办人员以及经费等保障工作。

（四）开展业务培训

各地要有组织、有计划、分步骤开展对相关人员的业务培训，帮助相关人员深入理解企业简易注销登记的意义，全面掌握有关改革具体规定、材料规范、内部工作流程，熟练操作登记软件，为改革的全面实施打好基础。

（五）注重宣传引导

各地要充分利用广播、电视、报刊、网络等各种媒介做好企业简易注销登记改革的宣传解读，提高政策知晓度和社会参与度。引导公众全面了解自主选择企业简易注销登记带来的便利和对应的责任，及时解答和回应社会关注的热点问题，努力营造全社会理解改革、支持改革、参与改革的良好氛围。

请各地按照《企业简易注销登记改革信息化技术方案》（随后下发）做好国家企业信用信息公示系统和企业登记业务系统软件的改造升级，确保2017年3月1日起全面执行本指导意见。各地在实行企业简易注销登记改革中遇到的新情况、新问题，要注意收集汇总，及时上报总局企业注册局。

附件：1. 全体投资人承诺书

http：//www.saic.gov.cn/zwgk/zyfb/zjwj/xxzx/201612/P020170104329602394247.doc

2. 企业登记申请文书规范和企业登记提交材料规范（2015年版）修订部分

http：//www.saic.gov.cn/zwgk/zyfb/zjwj/xxzx/201612/P020170104329602592312.doc

工商总局

2016年12月26日

工商总局关于做好新形势下企业登记注册工作有关问题的通知

工商企注字〔2017〕132号

各省、自治区、直辖市及计划单列市、副省级市工商行政管理局、市场监督管理部门：

近年来，各级工商和市场监督管理部门认真贯彻落实党中央、国务院的决策部署，坚定不移推进商事制度改革，扎实做好企业登记注册各项工作，有效激发了创业创新活力，营造了更加宽松便利的营商环境，为经济社会发展作出了积极贡献。与此同时，"双告知"工作落实不够到位，企业名称不够规范、新兴行业经营范围较难界定、对企业简易注销登记认识不够充分、窗口服务水平不够高等问题时有发生，企业登记注册工作面临新挑战、新要求。为了做好新形势下的企业登记注册工作，推动"放管服"改革向更深层次、更广领域开展，更好地服务大众创业万众创新，现就有关问题通知如下：

一、认真落实有关改革举措

各地要积极履职，认真落实改革举措，让企业享受到改革成果。一是要认真落实"先照后证"改革举措，严格执行工商登记前置审批事项目录。对于属于工商登记前置审批事项的，要严格审查审批机关的批准文件，对于未取得审批机关的批准文件的，一律不予登记注册；对于不属于工商登记前置审批事项，申请材料齐全、符合法定形式的，应当依法及时予以登记注册。二是支持创新创业发展，积极解决制约企业发展难点问题。除法律法规明确规定外，不得限制企业依法注册登记，不得要求企业必须在某地登记注册，不得为企业自由迁移设置障碍。物流企业设立分支机构，不得擅自设置前置审批条件。三是支持地方政府继续深化住所（经营场所）

改革，便利大众创新创业。坚持便捷注册和有利于社会管理的原则，分地区、分行业继续开展"一照多址""一址多照"集群注册等多样化改革探索，进一步释放住所资源。四是落实注册资本登记制度改革举措，对内外资企业实行统一的注册资本登记制度。除法律法规另有规定外，各地不得擅自提高外商投资企业注册资本最低限额、实收资本数额、外方出资比例等标准。

二、扎实做好"双告知"工作

各地要认真贯彻落实《国务院关于"先照后证"改革后加强事中事后监管的意见》（国发〔2015〕62号）和总局有关文件要求，认真履行"双告知"职责。一是要根据省级人民政府公布的工商登记后置审批事项目录，加强与审批部门、行业主管部门的协调沟通，明确涉及后置审批事项的各级审批部门和经营范围规范表述，并根据省级人民政府对工商登记后置审批事项目录的调整情况，及时做好更新工作，确保"双告知"工作范围清晰、依据明确。二是要认真做好告知申请人工作，按照企业登记提交材料规范和档案管理的相关规定，依法妥善收取、保存、管理申请人的书面承诺。三是要坚持"登记部门告知"与"审批部门认领"相结合，积极推动地方人民政府切实加强国家企业信用信息公示系统等共享交换平台建设，推进各级部门对共享交换平台的利用，实现信息互通共享；积极推动地方人民政府建立"双告知"审批事项联动核查、对账工作机制，确保相关审批部门对告知信息及时认领和有效反馈；积极推动地方人民政府建立健全工商登记、行政审批、后续监管衔接协作的督查和责任追究机制。

三、切实做好企业名称登记工作

各地要按照总局有关要求推进企业名称登记管理改革工作，进一步提高企业名称登记效率，依法纠正不适宜的企业名称。一是注意把握好鼓励创新与规范管理的尺度。企业应当根据其主营业务，依照国家行业分类标准划分的类别，在企业名称中标明所属行业或者经营特点。对国家行业分类尚未划分的新兴行业、新型业态，可以根据政策文件、行业习惯或者专业文献等予以登记。二是注意掌握好企业自主与依法履职的界限。对法律法规未作规定或者规定不明确的，要本着支持企业、服务发展的目的，充分尊重企业名称由企业自主选择的权利。但对于含有违背社会主义核心价值观的内容和文字，明示或者暗示为非营利组织，或者违背企业名称作为企业识别标识的基本功能，不以字、词或其组合作字号的，要依据《企业名称登记管理规定》第九条第一款、第二款及有关规定予以驳回或者纠正。三是注意处理好依法放权与依法行政的关系。各地要认真贯彻总局简政放权的部署要求，积极推进企业名称登记便利化改革。同时，要坚持依法行政，认真执行企业名称分级管理有关规定，不得越权登记企业名称，不得未经授权登记应当由上级机关核准的冠以上级行政区划的企业名称。

四、积极做好经营范围登记工作

各地要主动适应新产业、新行业、新业态持续涌现的新情况，坚持"发展与规范管理相结合"，贯彻落实好《企业经营范围登记管理规定》，加强研究，有序做好经营范围登记管理工作。一是对于前置许可经营项目以外的经营项目，可以按照《国民经济行业分类》的中类或者大类表述直接核准企业经营范围；《国民经济行业分类》中没有规范的新兴行业或者具体经营项目，申请人能够通过相关政策文件、专业文献等进行辅助证明的，可以予以核准。二是对于需要进行前置审批的经营项目，应当参照《国民经济行业分类》和批准文件进行规范。

五、全面推进企业简易注销登记工作

各地要坚持便捷高效、公开透明、控制风险的基本原则，通过优化注销流程、减少申请文件，深入推进企业简易注销登记改革，实现市场主体退出的便利化。一是要加强对申请企业的形式审查和检索检查，确保企业符合简易注销的适用范围，对于曾经被列入企业经营异常名录或严重违法失信企业名单、在提出申请时已经被依法移出的企业，可以为其办理简易注销登记。配合落实"去产能"任务，对于国家有关部门提请简易注销的"僵尸企业"，可以适用简易注销登记程序。二是要做好风险提示，引导公众全面了解自主选择简易注销登记带来的便利和对应的责任，敦促有关企业信守承诺，在退出市场前，依法清结债权债务。三是要做好简易注销登记与普通注销登记的工作衔接。对于不适用简易注销登记或者被驳回的简易注销登记申请，要做好解释工作，引导当事人依法通过普通注销登记程序退出市场。

六、加强企业登记注册窗口建设

各地要紧紧围绕为民、务实、清廉、高效的基本原则，坚持规范管理，强化服务意识，创新服务举措，着力提升窗口服务的现代化水平，打造标杆政务服务平台。一是要把规范管理摆在窗口建设的重要位置，落实首办负责制、一次告知制、限时办结制等服务制度，建立窗口人员轮岗和长效管理机制，夯实窗口建设体制机制保障。二是要大力开展窗口作风建设，切实增强服务理念，通过加强业务学习和岗位培训，有效提高沟通协调和宣传引导能力。探索"咨询帮办制"，在窗口设立专门咨询帮办岗位，让群众少跑腿，引导群众办成事，以企业群众满意为最高标准，不断提升窗口服务水平。三是要强化绩效考核和监督检查，建立完善窗口人员有效奖惩机制和容错纠错机制，注重发挥典型示范引领作用，激发服务热情，推动窗口工作开展。四是要做好窗口服务各项保障工作，配足配强窗口人员队伍，通过政府购买服务等方式，完善业务系统建设改造和窗口设施配备，缓解窗口工作压力，营造规范、便民、实用、美观的窗口环境。

在本通知执行过程中遇到的新情况、新问题，各地要及时报告总局企业注册局。

工商总局
2017 年 7 月 31 日

工商总局关于提高登记效率积极推进企业名称登记管理改革的意见

工商企注字〔2017〕54号

各省、自治区、直辖市及计划单列市、副省级市工商行政管理局、市场监督管理部门：

为提高企业名称登记便利化服务水平，持续深化商事制度改革，现就提高登记效率，积极推进企业名称登记管理改革，提出以下意见。

一、提高思想认识，积极推进企业名称登记管理改革

（一）提高登记效率是解决企业便捷准入突出问题的迫切需要。近年来，随着商事制度改革的不断深化，"大众创业、万众创新"热潮不断高涨，企业数量持续大幅增长，企业名称资源日益紧缺，"起名难、效率低"成为困扰企业便捷准入的痛点，企业对此反应日趋强烈。只有切实提高登记效率，为企业提供方便快捷名称登记服务，才能有效缓解企业名称登记管理存在的突出问题，为促进"双创"做出新的贡献。

（二）提高登记效率是推进企业名称登记管理改革的内在要求。总局在部署注册资本登记制度改革的同时，即着手推动企业名称登记管理改革，相继批复一些地区进行改革试点。一些地方也从简化审核程序、推行网上办理、压缩审核时限等多个方面进行改进。从试点经验和各地探索来看，提高登记效率，是企业名称登记管理改革的内在要求。各项改革措施只有围绕解决效率问题展开，才能符合实际需要，才能赢得企业支持，让企业感受到实实在在的改革成效。

（三）提高登记效率是推动落实"十三五"规划目标任务的重

要步骤。国务院《"十三五"市场监管规划》提出改革企业名称核准制度,赋予企业名称自主选择权。落实这一改革目标,需要坚持稳中求进的总基调,在认真总结试点经验的基础上,从开放企业名称库、建立完善查询比对系统等基础工作入手,通过推行网上申请、简化申请审核流程,提高登记效率,推动建立相关机制、完善相关法规修订,为最终取消企业名称预先核准创造条件。

二、全面开放企业名称库,为申请人提供查询比对服务

开放企业名称库,提供查询服务,是方便企业、投资创业者选择名称,提高申请效率的重要保障。

(一)全面开放企业名称库。在去年开放县级企业名称库的基础上,各地要按照《国家工商总局关于开放企业名称库有序推进企业名称登记管理改革的指导意见》(工商企注字〔2016〕203号)规定的开放范围、开放方式等要求,于2017年10月1日前全面开放各级企业名称库。省、市级名称库及所辖区县名称库不实行统一开放的,应当建立本省市企业名称查询导航平台,方便查询。要制定查询指南,对开放范围、查询方法、申请流程等予以规范,并在查询页面予以公开。

(二)建立完善企业名称查询比对系统。在开放企业名称库的同时,对企业名称申请内容、条件等进行规范,按照企业名称登记管理相关法规和总局制定的企业名称禁限用规则、企业名称相同相近比对规则,建立完善企业名称查询比对系统(以下简称"比对系统"),并与企业登记全程电子化系统建立有效链接,方便申请人填报相关信息,提交企业名称申请。

(三)提供筛查提示服务。比对系统对拟申请的企业名称进行辅助筛查,向申请人提供筛查结果和有关信息,供申请人参考、选择。

1. 拟申请的企业名称违反禁用规则或者与他人企业名称相同的,提示违反禁用规则的依据或者列出相同的企业名称,提示该申

请不能通过；

2. 拟申请的名称涉及限用规则的，提示申请人其名称中限用的内容，同时提示申请人，选择使用该名称需要提供相应证明或者授权文件；

3. 拟申请的名称与他人企业名称相近的，列出相近的企业名称清单，提示申请人存在审核不予核准的可能，存在虽然核准，但在使用中可能面临侵权纠纷，甚至以不适宜的企业名称被强制更名的风险。

三、优化申请审核流程，提高企业名称登记效率

各地要结合比对系统建设和推行企业登记全程电子化工作，对企业名称预先核准审核流程进行合理归并、优化，简化流程，精简材料，提高企业名称登记效率。

（一）简化申请流程。各地要把比对系统的建设与企业登记全程电子化有机结合起来，积极推进企业名称网上申请。经过比对系统筛查后，申请人选择通过网上登记系统提交申请的，不必另行提交《企业名称预先核准申请书》和相关证件、材料纸质文件。但申请人选择向企业登记机关窗口提交申请的，应当按规定提交相应的纸质材料。

（二）简化审核流程。对于通过比对系统筛查从网上直接提交的申请，比对系统没有提示禁限用、相同、相近情形的，登记系统即时自动生成《企业名称预先核准通知书》并将相关信息通知申请人；比对系统提示存在相同或者禁用提示的，登记系统即时自动驳回，根据提示内容生成《企业名称预先核准驳回通知书》并将相关信息通知申请人；比对系统提示存在限用情形后，申请人按照系统提示上传符合限用规则要求的文件材料的，或者比对系统提示存在相近情形的，企业登记机关实行审核合一，在3个工作日内作出是否核准的决定，并将相关信息通知申请人。

（三）简化登记流程。企业名称登记机关与企业名称核准机关

为同一机关的，可以将企业名称登记并入企业登记业务流程，与其他登记事项一并受理审核，免于提交《企业名称预先核准通知书》；不属于同一机关的，应建立有效衔接机制，企业登记机关应当及时将企业名称登记情况反馈给企业名称核准机关。企业登记机关在审核时发现或者企业名称核准机关提示该已经核准的企业名称存在违反禁用规则情形的，应当不予登记。

（四）试行自主申报。鼓励有地方性法规制定权的地区，探索通过地方性立法途径，取消企业名称预先核准环节，实行企业名称自主申报，自负其责，建立申请人事先承诺、企业名称纠纷事后快速处理、不适宜企业名称强制纠正等法律制度。

四、强化名称争议调处，维护企业名称管理秩序

各地登记机关在提高企业名称登记效率的同时，要坚持放管结合，强化企业名称争议的调解处理，有效纠正不适宜企业名称，维护良好企业名称管理秩序。

（一）快速处理企业名称与企业名称之间争议。各地要积极探索建立企业名称纠纷事后快速处理机制，积极发挥名称核准与企业登记的联动作用和信用约束手段，促进企业名称纠纷的调解解决。无法达成调解协议的，及时将认定为不适宜的企业名称强制纠正。

（二）依法处理企业名称与注册商标之间冲突。各地要完善企业名称与注册商标、未注册的驰名商标权利冲突解决机制，对于企业名称与注册商标或者未注册的驰名商标发生争议的，应当根据《商标法》《反不正当竞争法》的规定依法处理，维护当事人合法权益。负责企业名称登记管理的工作部门应予以积极配合。

（三）强化不适宜名称纠正措施。对于被认定为不适宜的企业名称，企业登记机关应当责令企业限期变更名称，拒不改正的，根据《企业信息公示暂行条例》规定，在国家企业信用信息公示系统以该企业的统一社会信用代码代替其名称向社会公示，同时标注"＊＊企业名称已被登记机关认定为不适宜"。企业按照要求变更名

称后,以变更后的名称公示,取消标注。

五、加强组织保障,确保各项改革要求落实到位

(一)加强组织领导。提高企业名称登记效率,是推进企业登记全程便利化的重要举措。各级工商和市场监管部门要切实提高认识,在当地党委、政府领导下,与其他商事制度改革有机结合,统筹推进。要加强组织领导,做好有关建章立制、人员配备等保障工作,确保改革措施落实到位,各项要求落实到位。

(二)认真清理企业名称库。各地要组织力量,按照名称库开放范围和比对要求,对企业名称库进行认真清理,对有关数据进行合理分类,删除冗余,纠补错漏,确保公开数据准确规范,有效释放名称资源。

(三)做好系统开发和维护。各地要结合本地实际,对企业名称登记和企业登记管理业务系统进行改造,针对查询、比对量增长等预期,合理配置资源,确保查询网站、业务系统高效稳定运行。要运用互联网搜索引擎和大数据技术不断完善比对系统,加强动态管理,不断提高筛查智能化、智慧化水平。

(四)广泛宣传引导。各地要通过新闻媒体、网站等多种途径宣传企业名称登记管理改革举措和相关查询比对规则,让公众和企业了解有关信息,在方便查询、有效比对、自助选择企业名称过程中体验到改革成效。

各地在改革中遇到困难和问题,请及时与总局企业注册局(外资局)沟通。

工商总局

2017年4月19日

工商总局关于推行企业登记全程电子化工作的意见

工商企注字〔2017〕43号

各省、自治区、直辖市及计划单列市、副省级市工商行政管理局、市场监督管理部门：

为进一步提高企业登记管理的便利化、规范化、信息化水平，根据《国务院关于印发注册资本登记制度改革方案的通知》（国发〔2014〕7号）、《国务院关于加快推进"互联网+政务服务"工作的指导意见》（国发〔2016〕55号）精神，现就推行企业登记全程电子化工作，提出以下意见。

一、总体要求

（一）指导思想

按照党中央、国务院深化商事制度改革的决策部署，以工商注册制度便利化为主题，持续推进简政放权、放管结合、优化服务，最大程度利企便民，让企业和群众办事更方便、更快捷、更高效，激发企业创新创业活力，共享"互联网+政务服务"发展成果。

（二）工作目标

以企业登记全程便捷、高效、利民为目标，在保留窗口登记的同时，2017年10月底前开通涵盖所有业务、适用所有企业类型的网上登记系统，实现各类型企业的设立、变更、备案、注销等各个业务环节均可通过互联网办理，有条件的地方逐步实施无纸全程电子化登记。

（三）基本原则

1. 统筹规划。充分利用已有资源设施，按照总局统一标准规范要求，在当地党委政府的领导下，加强集约化建设，统筹考虑窗口登记、全程电子化登记和电子营业执照建设的需要，建立符合全程电子化登记要求和特点的企业登记流程，做好现有企业登记系统的升级改造。

2. 问题导向。从解决人民群众反映强烈的办事难、办事慢、办事繁等问题出发，简化办事流程，建立完善企业全程电子化登记管理系统，为申请人提供渠道多样、业务全面、简便易用的企业登记服务。不得向企业收取任何费用，不得增加企业负担。

3. 便捷高效。充分利用电子化、网络化的优势，通过申请人外网申请—工作人员内网审核—审核结果外网反馈运行模式，实现企业全程电子化登记。现阶段，为方便企业办事，尊重企业的办事途径选择权利，申请人可自主选择窗口登记或全程电子化登记方式。

4. 安全可靠。利用合规技术手段，保障全程电子化登记安全可信、稳定可靠。规范企业电子登记档案的采集、加工、存储和管理，确保电子档案的真实、完整、有效。

二、工作任务

（一）构建登记流程规范

1. 优化登记流程。通过全程电子化登记管理系统申请办理登记业务的，申请人按系统提示进行用户注册、网上填报登记信息、网上签名提交，登记机关对申请人提交的材料进行审查后网上核准、发照、归档并予以公示企业相关信息。选择无纸全程电子化登记的，申请人无需到登记窗口提交纸质申请材料。

2. 统一文书规范。按照法律法规等相关规定，从方便企业办事、简化登记手续出发，总局组织修订企业登记《申请文书规范》和《提交材料规范》，各地按照总局公布的有关规范进行系统改造，整合优化填报内容，方便企业使用，兼顾考虑窗口登记、全程电子化登记的需要。

3. 多种登记方式并行。充分考虑企业登记申请的便利性，各地在开通企业全程电子化登记的同时，仍然提供窗口登记服务等方式。不同方式申请企业登记的，都应生成电子营业执照。申请人在获得电子营业执照的同时，也可以选择领取纸质营业执照。

4. 利用信息化手段辅助审查。登记机关要充分利用信息化技术完善网上登记系统功能，以更加智能化手段辅助登记机关对登记申请材料进行形式审查，提高登记效率。申请人对提交材料的真实性、合法性负责。股东与公司、股东与股东之间因工商登记争议引发民事纠纷时，要引导当事人依法向人民法院提起民事诉讼，寻求司法救济。

（二）加快业务系统建设

1. 建立企业全程电子化登记管理系统。网上登记是企业全程电子化登记有机构成部分，是企业全程电子化登记的初级阶段。2017年10月底前，各地登记机关要开通全区域、全类型、全环节的企业网上登记系统。已建成企业网上登记系统的，可在原有系统基础上升级改造，逐步实现各种类型企业申请、受理、核准、发照、公示等各环节均通过网上传输电子数据进行无纸全程电子化登记。有条件的地区可以直接建设无纸全程电子化登记系统，不必重复建设网上登记系统。全程电子化登记要与窗口登记无缝衔接，形成线上线下功能互补、相辅相成的政务服务新模式。

2. 规范用户管理。申请人使用企业全程电子化登记管理系统时应当进行在线用户注册。自然人注册应提交真实准确的姓名、身份证件、手机号码、影像等信息，系统采用与合法有效的身份认证系统联网自动比对方式，实现自动确认；法人和其他组织注册应提交单位名称、身份证件、法定代表人（负责人）等有关人员手机号码等信息，系统通过国家法人库或国家企业信用信息公示系统平台获取信息，实现自动确认；无法通过上述方式进行确认的，申请人通过系统以电子数据形式提交主体身份信息材料即可。地方政务服务平台（网上统一身份认证体系）满足上述确认要求的，可对接使用。

3. 实现电子签名。通过全程电子化登记方式申请的,材料签署人应在提交的电子申请材料上电子签名。自然人由其本人签名,法人和其他组织由其法定有权签字人签名。符合电子签名法或具有不可更改不可抵赖的,通过系统在手机、电脑等设备上签名或对数据电文进行真实意思表达和确认的,均视为有效电子签名。经申请人电子签名的申请材料,视为符合法定形式。

4. 建立痕迹追溯机制。全程电子化登记管理系统应当采用必要的管理措施和技术手段,实现对用户注册、提交申请、网上签名、受理审核、发照归档等环节产生的数据及操作过程留痕管理,做到可追溯、可查询,确保全程电子化登记各环节安全可信。

5. 创新系统服务模式。全程电子化登记管理系统根据填报内容自动生成整套登记申请材料。各地可按照相关法律法规、数据标准以及登记和监管信息为申请人提供智能填报、查验提醒和移动客户端等服务。

(三) 加强电子档案管理

1. 电子档案的归集。全程电子化登记形成的原始电子申请材料、登记机关电子审核表单及相关数据库文件、图像等符合法律规定的数据电文即为电子档案,与纸质档案具有同等法律效力。各地要做好电子档案的归集工作,无论采取哪种技术手段采集的数据,都要按照总局公布的企业登记《申请文书规范》等文件要求统一生成电子档案。

2. 电子档案的保存。各地应当加强电子档案管理,要采用合规的安全技术手段,确保电子档案的真实、可信、可靠、完整和可用。积极支持和配合当地档案管理部门档案管理工作,按规定交由当地档案管理部门保管的企业电子档案,本部门档案管理部门也要永久保存该企业电子档案备查。

3. 电子档案的利用。登记机关按照相关规定提供电子档案信息查询,发挥电子档案易于共享的优势,逐步推行电子档案自助查询服务。涉及个人和企业隐私、商业秘密及其它敏感信息要采取有效措施予以保护，涉密信息应当符合国家有关保密安全的要求。

4. 电子档案的迁移。通过全程电子化登记的企业需迁移变更登记机关的，原登记机关应将其电子档案及时移交迁入地登记机关，有纸质档案的一并移交。无法实现数据对接的，移交加盖档案查询印章的电子档案打印件。原登记机关应当继续保存已迁移企业的电子档案数据，确保可追溯、可查询。移交与接收的电子档案应当真实可靠、齐全完整、安全可用。

（四）加强信息公示和信用监管

1. 及时公示信息。经核准登记的企业，登记机关按照企业信息公示相关规定，对企业基本信息和电子营业执照通过国家企业信用信息公示系统进行公示，全面融入"互联网+政务服务"，推进企业登记基本信息和电子营业执照在部门间互通互认和共享共用。

2. 加强惩戒措施。对全程电子化登记过程中提供虚假身份、提交虚假材料（文件）等恶意行为，依法进行查处并限制相关人员办理企业全程电子化登记。冒用他人身份证或网上冒用他人身份签名骗取登记的，支持被侵权人依法向公安机关举报，或向有管辖权的人民法院提起民事诉讼或直接向法院提起撤销登记的行政诉讼来保护其权利。登记机关应依据法院生效判决，或依被侵权人书面申请和公安机关处罚决定冒用的事实，对相关登记事项依法予以处理。

三、工作要求

（一）强化组织领导

各地要高度重视，充分认识企业登记全程电子化创新改革的重要意义，切实加强组织领导，周密安排部署，有计划、分阶段、稳步推进企业登记全程电子化工作。

（二）加强沟通协调

各地要积极协调，统筹调度，在当地党委政府的领导下，研究和制定实施方案，争取政策、资金、技术、人员等方面的支持，推动建立各部门参与、分工合作、互通互认、共享共用的联动机制，确保改革各项举措的有序开展、落地生根。

（三）组织宣传培训

各地要充分利用电视、报刊、网络等各种媒介做好舆情引导，广泛宣传企业登记全程电子化的便利性，推动形成社会共识，积极营造全社会了解改革、支持改革、参与改革的良好氛围。要加强对企业登记相关工作人员的业务培训，帮助其全面掌握全程电子化登记业务流程、材料规范、操作规程，为推进企业登记全程电子化工作打好基础。

（四）做好服务保障

各地要建立企业用户咨询机制，鼓励和帮助企业使用企业全程电子化登记管理系统，在电话、互联网、移动平台等咨询方式中，统一服务口径，及时解答和回应企业使用中遇到的问题。

已经开展企业登记全程电子化试点的地方，要做好试点成效评估，完善工作方案和技术方案，进一步提升服务水平，全面推进此项工作。

工商总局
2017 年 4 月 10 日

工商总局关于全面推进企业电子营业执照工作的意见

工商企注字〔2017〕47号

根据《国务院关于印发注册资本登记制度改革方案的通知》（国发〔2014〕7号）、《国务院关于加快推进"互联网+政务服务"工作的指导意见》（国发〔2016〕55号）文件精神，为深化商事制度改革，进一步推进工商登记注册便利化，在总结试点省份改革经验的基础上，现就在全国全面推行电子营业执照的发放和应用工作，提出以下意见：

一、指导思想和工作目标

贯彻落实党中央、国务院关于推进供给侧结构性改革决策，进一步推进政府职能转变，深化商事制度改革，进一步构建"互联网+"环境下政府新型管理方式，推动建立程序更为便利、资源更为集约的市场准入新模式，营造便利宽松的创业创新环境和公开透明平等竞争的营商环境。

加快建立全国统一标准规范的电子营业执照模式、电子营业执照管理系统和电子营业执照管理机制，推进建设全国统一的电子营业执照库，确保在2017年10月底前各级工商、市场监管部门都具备电子营业执照发放能力，逐步实现电子营业执照跨区域、跨部门、跨领域的互通互认互用。

二、基本原则

（一）坚持依法推进，确保电子营业执照的法定性。电子营业执照是以工商总局为全国统一信任源点，载有市场主体登记信息的法律电子证件，由工商行政管理部门依据国家有关法律法规、按照统一标准规范核发，与纸质营业执照具有同等法律效力，是市场主体取得主体资格的合法凭证，具有法律意义上的证据性和权威性。

（二）坚持统筹规划，确保电子营业执照的统一性。电子营业执照实行全国统一的展示版式、照面内容，实行统一的数据格式、管理规范及技术标准，按照"统一规划、地方推进、全国通用"和"谁登记、谁发照、谁管理"的原则，推进电子营业执照的管理和应用工作。

（三）坚持便民助企，确保电子营业执照的便利性。电子营业执照的发放坚持"无介质""不收费"的原则，电子营业执照不依附于特定的存储介质，不向市场主体收取或变相收取任何费用。充分利用电子营业执照便携、权威、安全的特性，发挥其在亮照经营、身份认证等领域的应用，服务企业"一照走天下"。

（四）坚持安全管理，确保电子营业执照的可靠性。电子营业执照的生成、管理和应用遵循国家信息安全等级保护相关规范以及国家密码管理的有关要求，建立健全安全保障体系，严格安全管理制度，确保电子营业执照管理系统合法合规、安全可信、稳定可靠。

三、工作任务

（一）建立全国统一的电子营业执照管理制度。工商总局于2017年6月底前确定统一的电子营业执照管理模式，制定统一的技术和数据标准，统一电子营业执照展示版式、照面信息，明确规范申领、发放、使用的管理流程和档案管理规则。各地在总局统一框架下，根据地方实际制定实施细则，并报工商总局备案。

（二）搭建统一的电子营业执照管理系统。2017年10月底前，工商总局搭建统一的电子营业执照管理系统，形成以工商总局为全国统一信任源点的、符合国家安全管理规范、具有市场主体身份识别功能，以及防伪防篡改防抵赖防假冒等信息安全保障功能的运行管理体系。总局搭建统一的电子营业执照签发、验证、亮照平台和用户管理系统，各省在全国统一管理系统的基础上，开发建设本地电子营业执照签发、管理和应用系统。工商总局对各省级电子营业执照系统实行统一管理，保持全国电子营业执照系统的一致性，确保电子营业执照在全国范围的互认通用。

（三）做好电子营业执照的管理工作。各地要按照电子营业执照管理规范，做好电子营业执照的发放、变更等工作。登记机关在核准企业设立登记后即自动生成电子营业执照，保存到电子营业执照库并同时通过国家企业信用信息公示系统展示，并依当事人申请依法发放纸质营业执照或电子营业执照，推行"零见面"的发照模式。对于电子营业执照系统建成前已设立登记的企业，在技术条件成熟时，由登记机关统一生成电子营业执照，保存到电子营业执照库并同时公示。企业办理涉及照面信息的变更登记后，电子营业执照的内容要进行同步实时更新，企业办理注销登记或被工商机关吊销营业执照后，电子营业执照上要同步标记注销标识或被吊销标识。要将电子营业执照的签发、验证和管理嵌入到全程电子化登记系统中，具备让企业从申请到领照全流程网上办理的能力。

（四）积极推进电子营业执照在"互联网+政务服务"环境中的应用。各地要加强同地方政府、各部门的沟通协调，积极推进信息共享和业务协同，依托国家企业信用信息公示系统推动电子营业执照同其他政府部门信息系统的对接，充分利用电子营业执照无介质、防篡改的特性，发挥电子营业执照身份验证、网上亮照等功能在政务系统中的作用，实现电子营业执照在政府部门间的共享互用，做到"一个部门发照、所有部门流转"，避免企业反复提交纸质证明文件或网上重复录入信息，真正减轻企业负担。

（五）稳步推进电子营业执照在电子商务环境中的应用。各地要不断探索完善电子营业执照的市场主体身份识别、验证等功能，逐步扩大应用范围、拓展应用场景。逐步完善电子营业执照线上、线下的验证、查询、亮照、打印等功能，推动电子营业执照在金融、网上平台、网络交易等领域的使用，提高企业在电子商务领域使用电子营业执照的便利性。

（六）加强电子营业执照安全保障体系建设。各级特别是省级工商、市场监管部门要加强对电子营业执照系统、网络和数据的安全防护和应急管理，建立健全信息安全管理制度、协调机制和应急处理机制，完善符合国家安全管理规定要求的电子营业执照系统，为电子营业执照的应用提供保障。

（七）做好试点地区已推行电子营业执照的升级改造工作。以工商总局为全国统一信任源点的电子营业执照具备反向兼容功能，前期试点地区要及时升级改造系统，做好已发放电子营业执照向全国统一模式电子营业执照的过渡工作，确保已发放电子营业执照的通用性和易用性。

四、工作要求

（一）加强组织领导，加快推进步伐。各地要充分认识推行电子营业执照的重要意义，高度重视，加强组织领导，制定具体实施方案，明确工作职责，倒排时间表，建立完善配套制度，及时启动具体改革措施，扎实有效落实各项工作。

（二）做好保障工作，注重部门协调。电子营业执照改革是一项系统性工程，各地要积极争取地方党委、政府的支持，做好对电子营业执照信息化建设的人员、设施、资金、技术保障，推动地方信息共享平台建设，形成政府支持、部门协同、社会参与、重点突破的工作机制。坚持以人为本，优化服务，将公众满意作为评价改革成效的第一标准。

（三）加强宣传培训，创新推广应用。各地工商、市场监管部门要利用各种形式做好电子营业执照的宣传、培训及应用推广工作，积极向相关部门、市场主体和社会公众宣传电子营业执照的便利性和易用性，及时解答公众疑问，解决使用过程中的问题。

各地要将电子营业执照工作推进情况，以及在系统建设和应用过程中遇到的问题向总局及时反映。总局将适时启动关于电子营业执照系统建设和应用情况的督查工作。

工商总局

2017年4月11日

中华人民共和国企业法人
登记管理条例

中华人民共和国国务院令

第 666 号

《国务院关于修改部分行政法规的决定》已经 2016 年 1 月 13 日国务院第 119 次常务会议通过，现予公布，自公布之日起施行。

总理　李克强

2016 年 2 月 6 日

（1988 年 6 月 3 日中华人民共和国国务院令第 1 号发布；根据 2011 年 1 月 8 日《国务院关于废止和修改部分行政法规的决定》第一次修订；根据 2014 年 2 月 19 日《国务院关于废止和修改部分行政法规的决定》第二次修订；根据 2016 年 2 月 6 日国务院令第 666 号《国务院关于修改部分行政法规的决定》第三次修订）

第一章 总 则

第一条 为建立企业法人登记管理制度,确认企业法人资格,保障企业合法权益,取缔非法经营,维护社会经济秩序,根据《中华人民共和国民法通则》的有关规定,制定本条例。

第二条 具备法人条件的下列企业,应当依照本条例的规定办理企业法人登记:

(一)全民所有制企业;

(二)集体所有制企业;

(三)联营企业;

(四)在中华人民共和国境内设立的中外合资经营企业、中外合作经营企业和外资企业;

(五)私营企业;

(六)依法需要办理企业法人登记的其他企业。

第三条 申请企业法人登记,经企业法人登记主管机关审核,准予登记注册的,领取《企业法人营业执照》,取得法人资格,其合法权益受国家法律保护。

依法需要办理企业法人登记的,未经企业法人登记主管机关核准登记注册,不得从事经营活动。

第二章 登记主管机关

第四条 企业法人登记主管机关(以下简称登记主管机关)是国家工商行政管理局和地方各级工商行政管理局。各级登记主管机关在上级登记主管机关的领导下,依法履行职责,不受非法干预。

第五条 经国务院或者国务院授权部门批准的全国性公司、企业集团、经营进出口业务的公司,由国家工商行政管理局核准登记注册。中外合资经营企业、中外合作经营企业、外资企业由国家工商行政管理局或者国家工商行政管理局授权的地方工商行政管理局核准登记注册。

全国性公司的子（分）公司，经省、自治区、直辖市人民政府或其授权部门批准设立的企业、企业集团、经营进出口业务的公司，由省、自治区、直辖市工商行政管理局核准登记注册。

其他企业，由所在市、县（区）工商行政管理局核准登记注册。

第六条 各级登记主管机关，应当建立企业法人登记档案和登记统计制度，掌握企业法人登记有关的基础信息，为发展有计划的商品经济服务。

登记主管机关应当根据社会需要，有计划地开展向公众提供企业法人登记资料的服务。

第三章 登记条件和申请登记单位

第七条 申请企业法人登记的单位应当具备下列条件：

（一）名称、组织机构和章程；

（二）固定的经营场所和必要的设施；

（三）符合国家规定并与其生产经营和服务规模相适应的资金数额和从业人员；

（四）能够独立承担民事责任；

（五）符合国家法律、法规和政策规定的经营范围。

第八条 企业办理企业法人登记，由该企业的组建负责人申请。

独立承担民事责任的联营企业办理企业法人登记，由联营企业的组建负责人申请。

第四章　登记注册事项

第九条　企业法人登记注册的主要事项：企业法人名称、住所、经营场所、法定代表人、经济性质、经营范围、经营方式、注册资金、从业人数、经营期限、分支机构。

第十条　企业法人只准使用一个名称。企业法人申请登记注册的名称由登记主管机关核定，经核准登记注册后在规定的范围内享有专用权。

申请设立中外合资经营企业、中外合作经营企业和外资企业应当在合同、章程审批之前，向登记主管机关申请企业名称登记。

第十一条　登记主管机关核准登记注册的企业法人的法定代表人是代表企业行使职权的签字人。法定代表人的签字应当向登记主管机关备案。

第十二条　注册资金是国家授予企业法人经营管理的财产或者企业法人自有财产的数额体现。

企业法人办理开业登记，申请注册的资金数额与实有资金不一致的，按照国家专项规定办理。

第十三条　企业法人的经营范围应当与其资金、场地、设备、从业人员以及技术力量相适应；按照国家有关规定，可以一业为主，兼营他业。企业法人应当在核准登记注册的经营范围内从事经营活动。

第五章　开业登记

第十四条　企业法人办理开业登记，应当在主管部门或者审批机关批准后30日内，向登记主管机关提出申请；没有主管部门、审批机关的企业申请开业登记，由登记主管机关进行审查。登记主管机关应当在受理申请后 30 日内，做出核准登记或者不予核准登记的决定。

第十五条　申请企业法人开业登记，应当提交下列文件、证件：

（一）组建负责人签署的登记申请书；

（二）主管部门或者审批机关的批准文件；

（三）组织章程；

（四）资金信用证明、验资证明或者资金担保；

（五）企业主要负责人的身份证明；

（六）住所和经营场所使用证明；

（七）其他有关文件、证件。

第十六条　申请企业法人开业登记的单位，经登记主管机关核准登记注册，领取《企业法人营业执照》后，企业即告成立。企业法人凭据《企业法人营业执照》可以刻制公章、开立银行账户、签订合同，进行经营活动。

登记主管机关可以根据企业法人开展业务的需要，核发《企业法人营业执照》副本。

第六章　变更登记

第十七条　企业法人改变名称、住所、经营场所、法定代表人、经济性质、经营范围、经营方式、注册资金、经营期限，以及增设或者撤销分支机构，应当申请办理变更登记。

第十八条　企业法人申请变更登记，应当在主管部门或者审批机关批准后 30 日内，向登记主管机关申请办理变更登记。

第十九条　企业法人分立、合并、迁移，应当在主管部门或者审批机关批准后 30 日内，向登记主管机关申请办理变更登记、开业登记或者注销登记。

第七章　注销登记

第二十条　企业法人歇业、被撤销、宣告破产或者因其他原因终止营业，应当向登记主管机关办理注销登记。

第二十一条　企业法人办理注销登记，应当提交法定代表人签署的申请注销登记报告、主管部门或者审批机关的批准文件、清理债务完结的证明或者清算组织负责清理债权债务的文件。经登记主管机关核准后，收缴《企业法人营业执照》、《企业法人营业执照》副本，收缴公章，并将注销登记情况告知其开户银行。

第二十二条　企业法人领取《企业法人营业执照》后，满6个月尚未开展经营活动或者停止经营活动满1年的，视同歇业，登记主管机关应当收缴《企业法人营业执照》、《企业法人营业执照》副本，收缴公章，并将注销登记情况告知其开户银行。

第八章　公示和证照管理

第二十三条　登记主管机关应当将企业法人登记、备案信息通过企业信用信息公示系统向社会公示。

第二十四条　企业法人应当于每年1月1日至6月30日，通过企业信用信息公示系统向登记主管机关报送上一年度年度报告，并向社会公示。

年度报告公示的内容以及监督检查办法由国务院制定。

第二十五条　登记主管机关核发的《企业法人营业执照》是企业法人凭证，除登记主管机关依照法定程序可以扣缴或者吊销外，其他任何单位和个人不得收缴、扣押、毁坏。

企业法人遗失《企业法人营业执照》、《企业法人营业执照》副本，必须登报声明后，方可申请补领。

《企业法人营业执照》、《企业法人营业执照》副本,不得伪造、涂改、出租、出借、转让或者出卖。

国家推行电子营业执照。电子营业执照与纸质营业执照具有同等法律效力。

第九章　事业单位、科技性的社会团体从事经营活动的登记管理

第二十六条　事业单位、科技性的社会团体根据国家有关规定,设立具备法人条件的企业,由该企业申请登记,经登记主管机关核准,领取《企业法人营业执照》,方可从事经营活动。

第二十七条　根据国家有关规定,实行企业化经营,国家不再核拨经费的事业单位和从事经营活动的科技性的社会团体,具备企业法人登记条件的,由该单位申请登记,经登记主管机关核准,领取《企业法人营业执照》,方可从事经营活动。

第十章　监督管理

第二十八条　登记主管机关对企业法人依法履行下列监督管理职责:

(一) 监督企业法人按照规定办理开业、变更、注销登记;

(二) 监督企业法人按照登记注册事项和章程、合同从事经营活动;

(三) 监督企业法人和法定代表人遵守国家法律、法规和政策;

(四) 制止和查处企业法人的违法经营活动,保护企业法人的合法权益。

第二十九条　企业法人有下列情形之一的,登记主管机关可以根据情况分别给予警告、罚款、没收非法所得、停业整顿、扣缴、

吊销《企业法人营业执照》的处罚：

（一）登记中隐瞒真实情况、弄虚作假或者未经核准登记注册擅自开业的；

（二）擅自改变主要登记事项或者超出核准登记的经营范围从事经营活动的；

（三）不按照规定办理注销登记的；

（四）伪造、涂改、出租、出借、转让、出卖或者擅自复印《企业法人营业执照》、《企业法人营业执照》副本的；

（五）抽逃、转移资金，隐匿财产逃避债务的；

（六）从事非法经营活动的。

对企业法人按照上述规定进行处罚时，应当根据违法行为的情节，追究法定代表人的行政责任、经济责任；触犯刑律的，由司法机关依法追究刑事责任。

第三十条 登记主管机关处理企业法人违法活动，必须查明事实，依法处理，并将处理决定书面通知当事人。

第三十一条 企业法人对登记主管机关的处罚不服时，可以在收到处罚通知后15日内向上一级登记主管机关申请复议。上级登记主管机关应当在收到复议申请之日起30日内作出复议决定。申请人对复议决定不服的，可以在收到复议通知之日起30日内向人民法院起诉。逾期不提出申诉又不缴纳罚没款的，登记主管机关可以按照规定程序申请人民法院强制执行。

第三十二条 企业法人被吊销《企业法人营业执照》，登记主管机关应当收缴其公章，并将注销登记情况告知其开户银行，其债权债务由主管部门或者清算组织负责清理。

第三十三条 主管部门、审批机关、登记主管机关的工作人员违反本条例规定，严重失职、滥用职权、营私舞弊、索贿受贿或者侵害企业法人合法权益的，应当根据情节给予行政处分和经济处罚；触犯刑律的，由司法机关依法追究刑事责任。

第十一章 附 则

第三十四条 企业法人设立不能独立承担民事责任的分支机构，由该企业法人申请登记，经登记主管机关核准，领取《营业执照》，在核准登记的经营范围内从事经营活动。

根据国家有关规定，由国家核拨经费的事业单位、科技性的社会团体从事经营活动或者设立不具备法人条件的企业，由该单位申请登记，经登记主管机关核准，领取《营业执照》，在核准登记的经营范围内从事经营活动。

具体登记管理参照本条例的规定执行。

第三十五条 经国务院有关部门或者各级计划部门批准的新建企业，其筹建期满1年的，应当按照专项规定办理筹建登记。

第三十六条 本条例施行前，具备法人条件的企业，已经登记主管机关核准登记注册的，不再另行办理企业法人登记。

第三十七条 本条例由国家工商行政管理局负责解释；施行细则由国家工商行政管理局制定。

第三十八条 本条例自1988年7月1日起施行。1980年7月26日国务院发布的《中外合资经营企业登记管理办法》，198八年8月9日国务院发布的《工商企业登记管理条例》，1985年8月14日国务院批准、1985年8月25日国家工商行政管理局发布的《公司登记管理暂行规定》同时废止。

附 录

中华人民共和国企业法人登记
管理条例施行细则

国家工商行政管理总局令

第 86 号

《国家工商行政管理总局关于废止和修改部分工商行政管理规章的决定》已经中华人民共和国国家工商行政管理总局局务会审议通过，现予公布，自公布之日起施行。

国家工商行政管理总局局长

2016 年 4 月 29 日

（1988 年 11 月 3 日国家工商行政管理局令第 1 号公布；根据 1996 年 12 月 25 日国家工商行政管理局令第 66 号第一次修订；根据 2000 年 12 月 1 日国家工商行政管理局令第 96 号第二次修订；根据 2011 年 12 月 12 日国家工商行政管理总局令第 58 号第三次修订；根据 2014 年 2 月 20 日国家工商行政管理总局令第 63 号第四次修订；根据 2016 年 4 月 29 日国家工商行政管理总局令第 86 号第五次修订）

第一条　根据《中华人民共和国企业法人登记管理条例》（以下简称《条例》），制定本施行细则。

登记范围

第二条　具备企业法人条件的全民所有制企业、集体所有制企业、联营企业、在中国境内设立的外商投资企业（包括中外合资经营企业、中外合作经营企业、外资企业）和其他企业，应当根据国家法律、法规及本细则有关规定，申请企业法人登记。

第三条　实行企业化经营、国家不再核拨经费的事业单位和从事经营活动的科技性社会团体，具备企业法人条件的，应当申请企业法人登记。

第四条　不具备企业法人条件的下列企业和经营单位，应当申请营业登记：

（一）联营企业；

（二）企业法人所属的分支机构；

（三）外商投资企业设立的分支机构；

（四）其他从事经营活动的单位。

第五条　省、自治区、直辖市人民政府规定应当办理登记的企业和经营单位，按照《条例》和本细则的有关规定申请登记。

登记主管机关

第六条　工商行政管理机关是企业法人登记和营业登记的主管机关。登记主管机关依法独立行使职权，实行分级登记管理的原则。

对外商投资企业实行国家工商行政管理总局登记管理和授权登记管理的原则。

上级登记主管机关有权纠正下级登记主管机关不符合国家法律、法规和政策的决定。

第七条 国家工商行政管理总局负责以下企业的登记管理：

（一）国务院批准设立的或者行业归口管理部门审查同意由国务院各部门以及科技性社会团体设立的全国性公司和大型企业；

（二）国务院批准设立的或者国务院授权部门审查同意设立的大型企业集团；

（三）国务院授权部门审查同意由国务院各部门设立的经营进出口业务、劳务输出业务或者对外承包工程的公司。

第八条 省、自治区、直辖市工商行政管理局负责以下企业的登记管理：

（一）省、自治区、直辖市人民政府批准设立的或者行业归口管理部门审查同意由政府各部门以及科技性社会团体设立的公司和企业；

（二）省、自治区、直辖市人民政府批准设立的或者政府授权部门审查同意设立的企业集团；

（三）省、自治区、直辖市人民政府授权部门审查同意由政府各部门设立的经营进出口业务、劳务输出业务或者对外承包工程的公司；

（四）国家工商行政管理总局根据有关规定核转的企业或分支机构。

第九条 市、县、区（指县级以上的市辖区，下同）工商行政管理局负责第七条、第八条所列企业外的其他企业的登记管理。

第十条 国家工商行政管理总局授权的地方工商行政管理局负责以下外商投资企业的登记管理：

（一）省、自治区、直辖市人民政府或政府授权机关批准的外商投资企业，由国家工商行政管理总局授权的省、自治区、直辖市工商行政管理局登记管理；

（二）市人民政府或政府授权机关批准的外商投资企业，由国家工商行政管理总局授权的市工商行政管理局登记管理。

第十一条　国家工商行政管理总局和省、自治区、直辖市工商行政管理局应将核准登记的企业的有关资料，抄送企业所在市、县、区工商行政管理局。

第十二条　各级登记主管机关可以运用登记注册档案、登记统计资料以及有关的基础信息资料，向机关、企事业单位、社会团体等单位和个人提供各种形式的咨询服务。

登记条件

第十三条　申请企业法人登记，应当具备下列条件（外商投资企业另列）：

（一）有符合规定的名称和章程；

（二）有国家授予的企业经营管理的财产或者企业所有的财产，并能够以其财产独立承担民事责任；

（三）有与生产经营规模相适应的经营管理机构、财务机构、劳动组织以及法律或者章程规定必须建立的其他机构；

（四）有必要的并与经营范围相适应的经营场所和设施；

（五）有与生产经营规模和业务相适应的从业人员，其中专职人员不得少于8人；

（六）有健全的财会制度，能够实行独立核算，自负盈亏，独立编制资金平衡表或者资产负债表；

（七）有符合规定数额并与经营范围相适应的注册资金，国家对企业注册资金数额有专项规定的按规定执行；

（八）有符合国家法律、法规和政策规定的经营范围；

（九）法律、法规规定的其他条件。

第十四条　外商投资企业申请企业法人登记，应当具备下列条件：

（一）有符合规定的名称；

（二）有审批机关批准的合同、章程；

（三）有固定经营场所、必要的设施和从业人员；

（四）有符合国家规定的注册资本；

（五）有符合国家法律、法规和政策规定的经营范围；

（六）有健全的财会制度，能够实行独立核算，自负盈亏，独立编制资金平衡表或者资产负债表。

第十五条 申请营业登记，应当具备下列条件：

（一）有符合规定的名称；

（二）有固定的经营场所和设施；

（三）有相应的管理机构和负责人；

（四）有经营活动所需要的资金和从业人员；

（五）有符合规定的经营范围；

（六）有相应的财务核算制度。

不具备企业法人条件的联营企业，还应有联合签署的协议。

外商投资企业设立的从事经营活动的分支机构应当实行非独立核算。

第十六条 企业法人章程的内容应当符合国家法律、法规和政策的规定，并载明下列事项：

（一）宗旨；

（二）名称和住所；

（三）经济性质；

（四）注册资金数额及其来源；

（五）经营范围和经营方式；

（六）组织机构及其职权；

（七）法定代表人产生的程序和职权范围；

（八）财务管理制度和利润分配形式；

（九）劳动用工制度；

（十）章程修改程序；

（十一）终止程序；

（十二）其他事项。

联营企业法人的章程还应载明：

（一）联合各方出资方式、数额和投资期限；

（二）联合各方成员的权利和义务；

（三）参加和退出的条件、程序；

（四）组织管理机构的产生、形式、职权及其决策程序；

（五）主要负责人任期。

外商投资企业的合营合同和章程按《中华人民共和国中外合资经营企业法》、《中华人民共和国中外合作经营企业法》和《中华人民共和国外资企业法》的有关规定制定。

登记注册事项

第十七条 企业法人登记注册的主要事项按照《条例》第九条规定办理。

营业登记的主要事项有：名称、地址、负责人、经营范围、经营方式、经济性质、隶属关系、资金数额。

第十八条 外商投资企业登记注册的主要事项有：名称、住所、经营范围、投资总额、注册资本、企业类型、法定代表人、营业期限、分支机构、有限责任公司股东或者股份有限公司发起人的姓名或者名称。

第十九条 外商投资企业设立的分支机构登记注册的主要事项有：名称、营业场所、负责人、经营范围、隶属企业。

第二十条 企业名称应当符合国家有关法律法规及登记主管机关的规定。

第二十一条 住所、地址、经营场所按所在市、县、（镇）及街道门牌号码的详细地址注册。

第二十二条 经登记主管机关核准登记注册的代表企业行使职权的主要负责人，是企业法人的法定代表人。法定代表人是代表企业法人根据章程行使职权的签字人。

企业的法定代表人必须是完全民事行为能力人，并且应当符合国家法律、法规和政策的规定。

第二十三条 登记主管机关根据申请单位提交的文件和章程所反映的财产所有权、资金来源、分配形式，核准企业和经营单位的经济性质。

经济性质可分别核准为全民所有制、集体所有制。联营企业应注明联合各方的经济性质，并标明"联营"字样。

第二十四条 外商投资企业的企业类型分别核准为中外合资经营、中外合作经营、外商独资经营。

第二十五条 登记主管机关根据申请单位的申请和所具备的条件，按照国家法律、法规和政策以及规范化要求，核准经营范围和经营方式。企业必须按照登记主管机关核准登记注册的经营范围和经营方式从事经营活动。

第二十六条 注册资金数额是企业法人经营管理的财产或者企业法人所有的财产的货币表现。除国家另有规定外，企业的注册资金应当与实有资金相一致。

企业法人的注册资金的来源包括财政部门或者设立企业的单位的拨款、投资。

第二十七条 外商投资企业的注册资本是指设立外商投资企业在登记主管机关登记注册的资本总额，是投资者认缴的出资额。

注册资本与投资总额的比例，应当符合国家有关规定。

第二十八条 营业期限是联营企业、外商投资企业的章程、协议或者合同所确定的经营时限。营业期限自登记主管机关核准登记之日起计算。

开业登记

第二十九条 申请企业法人登记，应按《条例》第十五条

(一)至(七)项规定提交文件、证件。

企业章程应经主管部门审查同意。

资金信用证明是财政部门证明全民所有制企业资金数额的文件。

验资证明是会计师事务所或者审计事务所及其他具有验资资格的机构出具的证明资金真实性的文件。

企业主要负责人的身份证明包括任职文件和附照片的个人简历。个人简历由该负责人的人事关系所在单位或者乡镇、街道出具。

第三十条 外商投资企业申请企业法人登记,应提交下列文件、证件:

(一)董事长签署的外商投资企业登记申请书;

(二)合同、章程以及审批机关的批准文件和批准证书;

(三)有关项目建议书或可行性研究报告的批准文件;

(四)投资者合法开业证明;

(五)投资者的资信证明;

(六)董事会名单以及董事会成员的姓名、住址的文件以及任职文件和法定代表人的身份证明;

(七)其他有关文件、证件。

第三十一条 申请营业登记,应根据不同情况,提交下列文件、证件:

(一)登记申请书;

(二)经营资金数额的证明;

(三)负责人的任职文件;

(四)经营场所使用证明;

(五)其他有关文件、证件。

第三十二条 外商投资企业申请设立分支机构,应当提交下列文件、证件:

（一）隶属企业董事长签署的登记申请书；

（二）原登记主管机关的通知函；

（三）隶属企业董事会的决议；

（四）隶属企业的执照副本；

（五）负责人的任职文件；

（六）其他有关文件、证件。

法律、法规及国家工商行政管理总局规章规定设立分支机构需经审批的，应提交审批文件。

第三十三条 登记主管机关应当对申请单位提交的文件、证件、登记申请书、登记注册书以及其他有关文件进行审查，经核准后分别核发下列证照：

（一）对具备企业法人条件的企业，核发《企业法人营业执照》；

（二）对不具备企业法人条件，但具备经营条件的企业和经营单位，核发《营业执照》。

登记主管机关应当分别编定注册号，在颁发的证照上加以注明，并记入登记档案。

第三十四条 登记主管机关核发的《企业法人营业执照》是企业取得法人资格和合法经营权的凭证。登记主管机关核发的《营业执照》是经营单位取得合法经营权的凭证。经营单位凭据《营业执照》可以刻制公章，开立银行账户，开展核准的经营范围以内的生产经营活动。

变更登记

第三十五条 企业法人根据《条例》第十七条规定，申请变更登记时，应提交下列文件、证件：

（一）法定代表人签署的变更登记申请书；

（二）原主管部门审查同意的文件；

（三）其他有关文件、证件。

第三十六条 企业法人实有资金比原注册资金数额增加或者减少超过20%时，应持资金信用证明或者验资证明，向原登记主管机关申请变更登记。

登记主管机关在核准企业法人减少注册资金的申请时，应重新审核经营范围和经营方式。

第三十七条 企业法人在异地（跨原登记主管机关管辖地）增设或者撤销分支机构，应向原登记主管机关申请变更登记。经核准后，向分支机构所在地的登记主管机关申请开业登记或者注销登记。

企业法人在国外开办企业或增设分支机构，应向原登记主管机关备案。

第三十八条 因分立或者合并而保留的企业应当申请变更登记；因分立或者合并而新办的企业应当申请开业登记；因合并而终止的企业应当申请注销登记。

第三十九条 企业法人迁移（跨原登记主管机关管辖地），应向原登记主管机关申请办理迁移手续；原登记主管机关根据新址所在地登记主管机关同意迁入的意见，收缴《企业法人营业执照》，撤销注册号，开出迁移证明，并将企业档案移交企业新址所在地登记主管机关。企业凭迁移证明和有关部门的批准文件，向新址所在地登记主管机关申请变更登记，领取《企业法人营业执照》。

第四十条 企业法人因主管部门改变，涉及原主要登记事项的，应当分别情况，持有关文件申请变更、开业、注销登记。不涉及原主要登记事项变更的，企业法人应当持主管部门改变的有关文件，及时向原登记主管机关备案。

第四十一条 外商投资企业改变登记注册事项，应当申请变更登记。申请变更登记时，应提交下列文件、证件：

（一）董事长签署的变更登记申请书；

（二）董事会的决议；

（三）变更股东、注册资本、经营范围、营业期限时应提交原审批机关的批准文件。

法律、法规及国家工商行政管理总局规章规定设立分支机构需经审批的，应提交原审批机关的批准文件。

外商投资企业变更住所，还应提交住所使用证明；增加注册资本涉及改变原合同的，还应提交补充协议；变更企业类型，还应提交修改合同、章程的补充协议；变更法定代表人，还应提交委派方的委派证明和被委派人员的身份证明；转让股权，还应提交转让合同和修改原合同、章程的补充协议，以及受让方的合法开业证明和资信证明。

外商投资企业董事会成员发生变化的，应向原登记主管机关备案。

第四十二条 经营单位改变营业登记的主要事项，应当申请变更登记。变更登记的程序和应当提交的文件、证件，参照企业法人变更登记的有关规定执行。

第四十三条 外商投资企业设立的分支机构改变主要登记事项，应当申请变更登记。变更登记的程序和应当提交的文件、证件，参照外商投资企业变更登记的有关规定执行。

第四十四条 登记主管机关应当在申请变更登记的单位提交的有关文件、证件齐备后30日内，作出核准变更登记或者不予核准变更登记的决定。

注销登记

第四十五条 企业法人根据《条例》第二十条规定，申请注销登记，应提交下列文件、证件：

（一）法定代表人签署的注销登记申请书；

（二）原主管部门审查同意的文件；

（三）主管部门或者清算组织出具的负责清理债权债务的文件或者清理债务完结的证明。

第四十六条 外商投资企业应当自经营期满之日或者终止营业之日、批准证书自动失效之日、原审批机关批准终止合同之日起3个月内，向原登记主管机关申请注销登记，并提交下列文件、证件：

（一）董事长签署的注销登记申请书；

（二）董事会的决议；

（三）清理债权债务完结的报告或者清算组织负责清理债权债务的文件；

（四）税务机关、海关出具的完税证明。

法律、法规规定必须经原审批机关批准的，还应提交原审批机关的批准文件。

不能提交董事会决议的以及国家对外商投资企业的注销另有规定的，按国家有关规定执行。

第四十七条 经营单位终止经营活动，应当申请注销登记。注销登记程序和应当提交的文件、证件，参照企业法人注销登记的有关规定执行。

第四十八条 外商投资企业撤销其分支机构，应当申请注销登记，并提交下列文件、证件：

（一）隶属企业董事长签署的注销登记申请书；

（二）隶属企业董事会的决议。

第四十九条 登记主管机关核准注销登记或者吊销执照，应当同时撤销注册号，收缴执照正、副本和公章，并通知开户银行。

登记审批程序

第五十条 登记主管机关审核登记注册的程序是受理、审查、核准、发照、公告。

（一）受理：申请登记的单位应提交的文件、证件和填报的登记注册书齐备后，方可受理，否则不予受理。

（二）审查：审查提交的文件、证件和填报的登记注册书是否符合有关登记管理规定。

（三）核准：经过审查和核实后，做出核准登记或者不予核准登记的决定，并及时通知申请登记的单位。

（四）发照：对核准登记的申请单位，应当分别颁发有关证照，及时通知法定代表人（负责人）领取证照，并办理法定代表人签字备案手续。

公示和证照管理

第五十一条 登记主管机关应当将企业法人登记、备案信息通过企业信用信息公示系统向社会公示。

第五十二条 企业法人应当于每年1月1日至6月30日，通过企业信用信息公示系统向登记主管机关报送上一年度年度报告，并向社会公示。

年度报告公示的内容及监督检查按照国务院的规定执行。

第五十三条 《企业法人营业执照》、《营业执照》分为正本和副本，同样具有法律效力。正本应悬挂在主要办事场所或者主要经营场所。登记主管机关根据企业申请和开展经营活动的需要，可以核发执照副本若干份。

国家推行电子营业执照。电子营业执照与纸质营业执照具有同等法律效力。

第五十四条 登记主管机关对申请筹建登记的企业，在核准登记后核发《筹建许可证》。

第五十五条 执照正本和副本、《筹建许可证》、企业法人申请开业登记注册书、企业申请营业登记注册书、企业申请变更登记注册书、企业申请注销登记注册书、企业申请筹建登记注册书以及其他有关登记管理的重要文书表式,由国家工商行政管理总局统一制定。

监督管理与罚则

第五十六条 登记主管机关对企业进行监督管理的主要内容是:

(一) 监督企业是否按照《条例》和本细则规定办理开业登记变更登记和注销登记;

(二) 监督企业是否按照核准登记的事项以及章程、合同或协议开展经营活动;

(三) 监督企业是否按照规定报送、公示年度报告;

(四) 监督企业和法定代表人是否遵守国家有关法律、法规和政策。

第五十七条 各级登记主管机关,均有权对管辖区域内的企业进行监督检查。企业应当接受检查,提供检查所需要的文件、账册、报表及其他有关资料。

第五十八条 登记主管机关对辖区内的企业进行监督检查时,有权依照有关规定予以处罚。但责令停业整顿、扣缴或者吊销证照,只能由原发照机关作出决定。

第五十九条 上级登记主管机关对下级登记主管机关作出的不适当的处罚有权予以纠正。

对违法企业的处罚权限和程序,由国家工商行政管理总局和省、自治区、直辖市工商行政管理局分别作出规定。

第六十条 对有下列行为的企业和经营单位,登记主管机关作出如下处罚,可以单处,也可以并处:

(一) 未经核准登记擅自开业从事经营活动的,责令终止经营活动,没收非法所得,处以非法所得额3倍以下的罚款,但最高不超过3万元,没有非法所得的,处以1万元以下的罚款。

（二）申请登记时隐瞒真实情况、弄虚作假的，除责令提供真实情况外，视其具体情节，予以警告，没收非法所得，处以非法所得额3倍以下的罚款，但最高不超过3万元，没有非法所得的，处以1万元以下的罚款。经审查不具备企业法人条件或者经营条件的，吊销营业执照。伪造证件骗取营业执照的，没收非法所得，处以非法所得额3倍以下的罚款，但最高不超过3万元，没有非法所得的，处以1万元以下的罚款，并吊销营业执照。

（三）擅自改变主要登记事项，不按规定办理变更登记的，予以警告，没收非法所得，处以非法所得额3倍以下的罚款，但最高不超过3万元，没有非法所得的，处以1万元以下的罚款，并限期办理变更登记；逾期不办理的，责令停业整顿或者扣缴营业执照；情节严重的，吊销营业执照。超出经营期限从事经营活动的，视为无照经营，按照本条第一项规定处理。

（四）超出核准登记的经营范围或者经营方式从事经营活动的，视其情节轻重，予以警告，没收非法所得，处以非法所得额3倍以下的罚款，但最高不超过3万元，没有非法所得的，处以1万元以下的罚款。同时违反国家其他有关规定，从事非法经营的，责令停业整顿，没收非法所得，处以非法所得额3倍以下的罚款，但最高不超过3万元，没有非法所得的，处以1万元以下的罚款；情节严重的，吊销营业执照。

（五）侵犯企业名称专用权的，依照企业名称登记管理的有关规定处理。

（六）伪造、涂改、出租、出借、转让、出卖营业执照的，没收非法所得，处以非法所得额3倍以下的罚款，但最高不超过3万元，没有非法所得的，处以1万元以下的罚款；情节严重的，吊销营业执照。

（七）不按规定悬挂营业执照的，予以警告，责令改正；拒不改正的，处以2000元以下的罚款。

（八）抽逃、转移资金，隐匿财产逃避债务的，责令补足抽逃、转移的资金，追回隐匿的财产，没收非法所得，处以非法所得额3倍以下的罚款，但最高不超过3万元，没有非法所得的，处以1万元以下的罚款；情节严重的，责令停业整顿或者吊销营业执照。

（九）不按规定申请办理注销登记的，责令限期办理注销登记。拒不办理的，处以3000元以下的罚款，吊销营业执照，并可追究企业主管部门的责任。

（十）拒绝监督检查或者在接受监督检查过程中弄虚作假的，除责令其接受监督检查和提供真实情况外，予以警告，处以1万元以下的罚款。

登记主管机关对有上述违法行为的企业作出处罚决定后，企业逾期不提出申诉又不缴纳罚没款的，可以申请人民法院强制执行。

第六十一条 对提供虚假文件、证件的单位和个人，除责令其赔偿因出具虚假文件、证件给他人造成的损失外，处以1万元以下的罚款。

第六十二条 登记主管机关在查处企业违法活动时，对构成犯罪的有关人员，交由司法机关处理。

第六十三条 登记主管机关对工作人员不按规定程序办理登记、监督管理和严重失职的，根据情节轻重给予相应的行政处分，对构成犯罪的人员，交由司法机关处理。

第六十四条 企业根据《条例》第三十一条规定向上一级登记主管机关申请复议的，上一级登记主管机关应当在规定的期限内作出维持、撤销或者纠正的复议决定，并通知申请复议的企业。

附　则

第六十五条 根据《条例》第三十五条规定应当申请筹建登记的企业，按照国务院有关部门或者省、自治区、直辖市人民政府的专项规定办理筹建登记。

第六十六条 港、澳、台企业，华侨、港、澳、台同胞投资举办的合资经营企业、合作经营企业、独资经营企业，参照本细则对外商投资企业的有关规定执行。

第六十七条 对在中国境内从事经营活动的外国（地区）企业的登记管理，按专项规定执行。

第六十八条 本细则自公布之日起施行。

企业信息公示暂行条例

企业信息公示暂行条例

中华人民共和国国务院令

第 654 号

《企业信息公示暂行条例》已经 2014 年 7 月 23 日国务院第 57 次常务会议通过,现予公布,自 2014 年 10 月 1 日起施行。

总理　李克强

2014 年 8 月 7 日

第一条 为了保障公平竞争,促进企业诚信自律,规范企业信息公示,强化企业信用约束,维护交易安全,提高政府监管效能,扩大社会监督,制定本条例。

第二条 本条例所称企业信息,是指在工商行政管理部门登记的企业从事生产经营活动过程中形成的信息,以及政府部门在履行职责过程中产生的能够反映企业状况的信息。

第三条 企业信息公示应当真实、及时。公示的企业信息涉及国家秘密、国家安全或者社会公共利益的,应当报请主管的保密行政管理部门或者国家安全机关批准。县级以上地方人民政府有关部门公示的企业信息涉及企业商业秘密或者个人隐私的,应当报请上级主管部门批准。

第四条 省、自治区、直辖市人民政府领导本行政区域的企业信息公示工作,按照国家社会信用信息平台建设的总体要求,推动本行政区域企业信用信息公示系统的建设。

第五条 国务院工商行政管理部门推进、监督企业信息公示工作,组织企业信用信息公示系统的建设。国务院其他有关部门依照本条例规定做好企业信息公示相关工作。

县级以上地方人民政府有关部门依照本条例规定做好企业信息公示工作。

第六条 工商行政管理部门应当通过企业信用信息公示系统,公示其在履行职责过程中产生的下列企业信息:

(一)注册登记、备案信息;

(二)动产抵押登记信息;

(三)股权出质登记信息;

(四)行政处罚信息;

(五)其他依法应当公示的信息。

前款规定的企业信息应当自产生之日起20个工作日内予以公示。

第七条 工商行政管理部门以外的其他政府部门(以下简称其他政府部门)应当公示其在履行职责过程中产生的下列企业信息:

(一)行政许可准予、变更、延续信息;

(二)行政处罚信息;

(三)其他依法应当公示的信息。

其他政府部门可以通过企业信用信息公示系统,也可以通过其他系统公示前款规定的企业信息。工商行政管理部门和其他政府部门应当按照国家社会信用信息平台建设的总体要求,实现企业信息的互联共享。

第八条 企业应当于每年1月1日至6月30日,通过企业信用信息公示系统向工商行政管理部门报送上一年度年度报告,并向社会公示。

当年设立登记的企业,自下一年起报送并公示年度报告。

第九条 企业年度报告内容包括:

(一)企业通信地址、邮政编码、联系电话、电子邮箱等信息;

(二)企业开业、歇业、清算等存续状态信息;

(三)企业投资设立企业、购买股权信息;

(四)企业为有限责任公司或者股份有限公司的,其股东或者发起人认缴和实缴的出资额、出资时间、出资方式等信息;

(五)有限责任公司股东股权转让等股权变更信息;

(六)企业网站以及从事网络经营的网店的名称、网址等信息;

(七)企业从业人数、资产总额、负债总额、对外提供保证担保、所有者权益合计、营业总收入、主营业务收入、利润总额、净利润、纳税总额信息。

前款第一项至第六项规定的信息应当向社会公示,第七项规定的信息由企业选择是否向社会公示。

经企业同意,公民、法人或者其他组织可以查询企业选择不公示的信息。

第十条 企业应当自下列信息形成之日起20个工作日内通过企业信用信息公示系统向社会公示:

(一)有限责任公司股东或者股份有限公司发起人认缴和实缴的出资额、出资时间、出资方式等信息;

(二)有限责任公司股东股权转让等股权变更信息;

(三)行政许可取得、变更、延续信息;

（四）知识产权出质登记信息；

（五）受到行政处罚的信息；

（六）其他依法应当公示的信息。

工商行政管理部门发现企业未依照前款规定履行公示义务的，应当责令其限期履行。

第十一条 政府部门和企业分别对其公示信息的真实性、及时性负责。

第十二条 政府部门发现其公示的信息不准确的，应当及时更正。公民、法人或者其他组织有证据证明政府部门公示的信息不准确的，有权要求该政府部门予以更正。

企业发现其公示的信息不准确的，应当及时更正；但是，企业年度报告公示信息的更正应当在每年6月30日之前完成。更正前后的信息应当同时公示。

第十三条 公民、法人或者其他组织发现企业公示的信息虚假的，可以向工商行政管理部门举报，接到举报的工商行政管理部门应当自接到举报材料之日起20个工作日内进行核查，予以处理，并将处理情况书面告知举报人。

公民、法人或者其他组织对依照本条例规定公示的企业信息有疑问的，可以向政府部门申请查询，收到查询申请的政府部门应当自收到申请之日起20个工作日内书面答复申请人。

第十四条 国务院工商行政管理部门和省、自治区、直辖市人民政府工商行政管理部门应当按照公平规范的要求，根据企业注册号等随机摇号，确定抽查的企业，组织对企业公示信息的情况进行检查。

工商行政管理部门抽查企业公示的信息，可以采取书面检查、实地核查、网络监测等方式。工商行政管理部门抽查企业公示的信息，可以委托会计师事务所、税务师事务所、律师事务所等专业机构开展相关工作，并依法利用其他政府部门作出的检查、核查结果或者专业机构作出的专业结论。

抽查结果由工商行政管理部门通过企业信用信息公示系统向社会公布。

第十五条 工商行政管理部门对企业公示的信息依法开展抽查或者根据举报进行核查，企业应当配合，接受询问调查，如实反映情况，提供相关材料。

对不予配合情节严重的企业，工商行政管理部门应当通过企业信用信息公示系统公示。

第十六条 任何公民、法人或者其他组织不得非法修改公示的企业信息，不得非法获取企业信息。

第十七条 有下列情形之一的，由县级以上工商行政管理部门列入经营异常名录，通过企业信用信息公示系统向社会公示，提醒其履行公示义务；情节严重的，由有关主管部门依照有关法律、行政法规规定给予行政处罚；造成他人损失的，依法承担赔偿责任；构成犯罪的，依法追究刑事责任：

（一）企业未按照本条例规定的期限公示年度报告或者未按照工商行政管理部门责令的期限公示有关企业信息的；

（二）企业公示信息隐瞒真实情况、弄虚作假的。

被列入经营异常名录的企业依照本条例规定履行公示义务的，由县级以上工商行政管理部门移出经营异常名录；满3年未依照本条例规定履行公示义务的，由国务院工商行政管理部门或者省、自治区、直辖市人民政府工商行政管理部门列入严重违法企业名单，并通过企业信用信息公示系统向社会公示。被列入严重违法企业名单的企业的法定代表人、负责人，3年内不得担任其他企业的法定代表人、负责人。

企业自被列入严重违法企业名单之日起满5年未再发生第一款规定情形的，由国务院工商行政管理部门或者省、自治区、直辖市人民政府工商行政管理部门移出严重违法企业名单。

第十八条　县级以上地方人民政府及其有关部门应当建立健全信用约束机制，在政府采购、工程招投标、国有土地出让、授予荣誉称号等工作中，将企业信息作为重要考量因素，对被列入经营异常名录或者严重违法企业名单的企业依法予以限制或者禁入。

第十九条　政府部门未依照本条例规定履行职责的，由监察机关、上一级政府部门责令改正；情节严重的，对负有责任的主管人员和其他直接责任人员依法给予处分；构成犯罪的，依法追究刑事责任。

第二十条　非法修改公示的企业信息，或者非法获取企业信息的，依照有关法律、行政法规规定追究法律责任。

第二十一条　公民、法人或者其他组织认为政府部门在企业信息公示工作中的具体行政行为侵犯其合法权益的，可以依法申请行政复议或者提起行政诉讼。

第二十二条　企业依照本条例规定公示信息，不免除其依照其他有关法律、行政法规规定公示信息的义务。

第二十三条　法律、法规授权的具有管理公共事务职能的组织公示企业信息适用本条例关于政府部门公示企业信息的规定。

第二十四条　国务院工商行政管理部门负责制定企业信用信息公示系统的技术规范。

个体工商户、农民专业合作社信息公示的具体办法由国务院工商行政管理部门另行制定。

第二十五条　本条例自2014年10月1日起施行。

附 录

国家企业信用信息公示系统使用运行管理办法（试行）

工商总局关于印发《国家企业信用信息公示系统使用运行管理办法（试行）》的通知

工商办字〔2017〕104号

各省、自治区、直辖市工商行政管理局、市场监督管理部门：

为规范国家企业信用信息公示系统使用、运行和管理，充分发挥其在服务社会公众和加强事中事后监管中的作用，促进社会信用体系建设，总局在广泛调研、深入分析的基础上，起草形成了《国家企业信用信息公示系统使用运行管理办法（试行）》，现予印发，请遵照执行。

工商总局
2017年6月27日

第一章 总 则

第一条 为规范国家企业信用信息公示系统（以下简称"公示系统"）使用、运行和管理，充分发挥其在服务社会公众和加强事中事后监管中的作用,促进社会信用体系建设,根据《企业信息公示暂行条例》《政府部门涉企信息统一归集公示工作实施方案》等有关规定,制定本办法。

第二条 公示系统的使用、运行和管理,适用本办法。

第三条 公示系统是国家的企业信息归集公示平台,是企业报送并公示年度报告和即时信息的法定平台,是工商、市场监管部门(以下简称工商部门)实施网上监管的操作平台,是政府部门开展协同监管的重要工作平台。

公示系统部署于中央和各省(区、市,以下简称省级),各省级公示系统是公示系统的组成部分。

第四条 公示系统的使用、运行和管理,应当遵循科学合理、依法履职、安全高效的原则,保障公示系统的正常运行。

第五条 国家工商行政管理总局(以下简称工商总局)负责公示系统运行管理的组织协调、制度制定和具体实施工作。各省级工商部门负责本辖区公示系统运行管理的组织协调、制度制定和具体实施工作。

第六条 工商总局和各省级工商部门企业监管机构负责公示系统使用、运行、管理的统筹协调,研究制定信息归集公示、共享应用、运行保障等相关管理制度和业务规范并督促落实;信息化管理机构负责公示系统数据管理、安全保障及运行维护的技术实施工作及相关技术规范的制定。

第二章 信息归集与公示

第七条 工商部门应当将在履行职责过程中产生的依法应当公示的涉企信息在规定时间内归集到公示系统。

第八条 工商部门应在公示系统中通过在线录入、批量导入、数据接口等方式,为其他政府部门在规定时间内将依法应当公示的涉企信息归集至公示系统提供保障。

各级工商部门企业监管机构负责组织协调其他政府部门依法提供相关涉企信息；信息化管理机构负责归集其他政府部门相关涉企信息的技术实现。

第九条 各级工商部门负责将涉及本部门登记企业的信息记于相对应企业名下。

第十条 工商总局负责定期公布《政府部门涉企信息归集资源目录》，制定《政府部门涉企信息归集格式规范》，各级工商部门按照标准归集信息。

省级工商部门应当将其归集的信息，按规定时间要求及时汇总到工商总局。汇总的信息应与其在本辖区公示系统公示的信息保持一致。

第十一条 工商部门应当将本部门履行职责过程中产生的依法应当公示的涉企信息，以及归集并记于企业名下的其他政府部门涉企信息，在规定时间内通过公示系统进行公示。

公示的企业信息涉及国家秘密、国家安全或者社会公共利益的，应当经主管的保密行政管理部门或者国家安全机关批准。公示的县级以上地方人民政府有关部门企业信息涉及企业商业秘密或者个人隐私的，应当经其上级主管部门批准。

第十二条 在公示系统上归集公示涉企信息，应当按照"谁产生、谁提供、谁负责"的原则，由信息提供方对所提供信息的合法性、真实性、完整性、及时性负责。

第三章 信息共享与应用

第十三条 工商部门应当在公示系统中通过在线查询、数据接口、批量导出等方式，为网络市场监管信息化系统提供数据支持，为其他政府部门获取信息提供服务。

第十四条 工商部门依法有序开放公示系统企业信息资源，鼓励社会各方合法运用企业公示信息，促进社会共治。

各级工商部门开放公示系统归集公示的本辖区内企业信用信

息，应当履行审批程序；开放超出本辖区范围企业信息资源的，应当取得相应上级工商部门的批准。

第十五条 各级工商部门在履行职责过程中，应当使用公示系统开展信用监管、大数据分析应用等工作。

第十六条 各级工商部门应当使用公示系统，与其他政府部门交换案件线索、市场监管风险预警等信息，并开展"双随机、一公开"等协同监管工作。

第十七条 工商部门应当依法依规或经提请，将记于企业名下的不良信息交换至相关政府部门和其他组织，为其在政府采购、工程招投标、国有土地出让、授予荣誉称号等工作中实施信用约束提供数据支持。

第十八条 工商部门应当为社会各方广泛使用公示系统提供相应的技术条件，扩大企业信息在公共服务领域中的应用。

第四章 系统运行与保障

第十九条 工商总局负责中央本级公示系统建设工作。各省级工商部门应当按照工商总局制定的技术规范统一建设本辖区公示系统。

各省级工商部门按照"统一性与开放性相结合的原则"，可以在本辖区公示系统的协同监管平台中增加功能模块或在规定的功能模块中增加相应功能。

第二十条 工商总局及省级工商部门负责本级公示系统日常运行维护，保障公示系统的正常运行。

第二十一条 工商总局负责公示系统在国务院各部门及各省级工商部门的使用授权，各省级工商部门负责本辖区公示系统在辖区内政府部门及各级工商部门的使用授权。

第二十二条 工商总局及省级工商部门应当按照信息系统安全等级保护基本要求（GB/T 22239—2008）中关于第三级信息系统的技术要求和管理要求，建立公示系统安全管理制度，落实安全保障措施，加强日常运行监控，做好安全防护。

第二十三条 工商总局负责制定公示系统数据相关制度、标准和规范，开展数据质量监测、检查及考核，定期通报数据质量考核情况；各省级工商部门负责本辖区公示系统数据质量监测，问题数据追溯、校核、纠错、反馈等工作，对工商总局发现的公示系统中的问题数据，应当及时处理、更新。

第二十四条 归集于企业名下并公示的其他政府部门涉企信息发生异议的，由负责记于企业名下的工商部门协调相关信息提供部门进行处理，并将处理后的信息及时推送到公示系统。

其他信息的异议处理按照《企业信息公示暂行条例》的规定执行。

第二十五条 工商总局负责制定公示系统使用运行管理考核办法及标准，组织对省级工商部门落实相关职责的考核工作。

省级工商部门负责组织对辖区内各级工商部门使用公示系统情况的考核工作。

第五章 责任追究

第二十六条 各级工商部门及其工作人员在使用、管理公示系统过程中，因违反本办法导致提供信息不真实、不准确、不及时，或利用工作之便违法使用公示系统信息侵犯企业合法权益，情节严重或造成不良后果的，依法追究责任。

第二十七条 公民、法人或者其他组织非法获取或者修改公示系统信息的，依法追究责任。

第六章 附 则

第二十八条 依托公示系统归集公示、共享应用个体工商户、农民专业合作社信息等工作，参照本办法执行。

第二十九条 本办法由工商总局负责解释。

第三十条 本办法自印发之日起施行。

中华人民共和国企业破产法

中华人民共和国主席令
第五十四号

《中华人民共和国企业破产法》已由中华人民共和国第十届全国人民代表大会常务委员会第二十三次会议于2006年8月27日通过，现予公布，自2007年6月1日起施行。

中华人民共和国主席　胡锦涛
2006年8月27日

第一章　总　则

第一条　为规范企业破产程序，公平清理债权债务，保护债权人和债务人的合法权益，维护社会主义市场经济秩序，制定本法。

第二条　企业法人不能清偿到期债务，并且资产不足以清偿全部债务或者明显缺乏清偿能力的，依照本法规定清理债务。

企业法人有前款规定情形，或者有明显丧失清偿能力可能的，可以依照本法规定进行重整。

第三条 破产案件由债务人住所地人民法院管辖。

第四条 破产案件审理程序，本法没有规定的，适用民事诉讼法的有关规定。

第五条 依照本法开始的破产程序，对债务人在中华人民共和国领域外的财产发生效力。

对外国法院作出的发生法律效力的破产案件的判决、裁定，涉及债务人在中华人民共和国领域内的财产，申请或者请求人民法院承认和执行的，人民法院依照中华人民共和国缔结或者参加的国际条约，或者按照互惠原则进行审查，认为不违反中华人民共和国法律的基本原则，不损害国家主权、安全和社会公共利益，不损害中华人民共和国领域内债权人的合法权益的，裁定承认和执行。

第六条 人民法院审理破产案件，应当依法保障企业职工的合法权益，依法追究破产企业经营管理人员的法律责任。

第二章 申请和受理

第一节 申 请

第七条 债务人有本法第二条规定的情形，可以向人民法院提出重整、和解或者破产清算申请。

债务人不能清偿到期债务，债权人可以向人民法院提出对债务人进行重整或者破产清算的申请。

企业法人已解散但未清算或者未清算完毕，资产不足以清偿债务的，依法负有清算责任的人应当向人民法院申请破产清算。

第八条 向人民法院提出破产申请，应当提交破产申请书和有关证据。

破产申请书应当载明下列事项：

（一）申请人、被申请人的基本情况；

（二）申请目的；

（三）申请的事实和理由；

（四）人民法院认为应当载明的其他事项。

债务人提出申请的，还应当向人民法院提交财产状况说明、债务清册、债权清册、有关财务会计报告、职工安置预案以及职工工资的支付和社会保险费用的缴纳情况。

第九条 人民法院受理破产申请前，申请人可以请求撤回申请。

第二节 受 理

第十条 债权人提出破产申请的，人民法院应当自收到申请之日起五日内通知债务人。债务人对申请有异议的，应当自收到人民法院的通知之日起七日内向人民法院提出。人民法院应当自异议期满之日起十日内裁定是否受理。

除前款规定的情形外，人民法院应当自收到破产申请之日起十五日内裁定是否受理。

有特殊情况需要延长前两款规定的裁定受理期限的，经上一级人民法院批准，可以延长十五日。

第十一条 人民法院受理破产申请的，应当自裁定作出之日起五日内送达申请人。

债权人提出申请的，人民法院应当自裁定作出之日起五日内送达债务人。债务人应当自裁定送达之日起十五日内，向人民法院提交财产状况说明、债务清册、债权清册、有关财务会计报告以及职工工资的支付和社会保险费用的缴纳情况。

第十二条 人民法院裁定不受理破产申请的，应当自裁定作出之日起五日内送达申请人并说明理由。申请人对裁定不服的，可以自裁定送达之日起十日内向上一级人民法院提起上诉。

人民法院受理破产申请后至破产宣告前,经审查发现债务人不符合本法第二条规定情形的,可以裁定驳回申请。申请人对裁定不服的,可以自裁定送达之日起十日内向上一级人民法院提起上诉。

第十三条 人民法院裁定受理破产申请的,应当同时指定管理人。

第十四条 人民法院应当自裁定受理破产申请之日起二十五日内通知已知债权人,并予以公告。

通知和公告应当载明下列事项:

(一)申请人、被申请人的名称或者姓名;

(二)人民法院受理破产申请的时间;

(三)申报债权的期限、地点和注意事项;

(四)管理人的名称或者姓名及其处理事务的地址;

(五)债务人的债务人或者财产持有人应当向管理人清偿债务或者交付财产的要求;

(六)第一次债权人会议召开的时间和地点;

(七)人民法院认为应当通知和公告的其他事项。

第十五条 自人民法院受理破产申请的裁定送达债务人之日起至破产程序终结之日,债务人的有关人员承担下列义务:

(一)妥善保管其占有和管理的财产、印章和账簿、文书等资料;

(二)根据人民法院、管理人的要求进行工作,并如实回答询问;

(三)列席债权人会议并如实回答债权人的询问;

(四)未经人民法院许可,不得离开住所地;

(五)不得新任其他企业的董事、监事、高级管理人员。

前款所称有关人员,是指企业的法定代表人;经人民法院决定,可以包括企业的财务管理人员和其他经营管理人员。

第十六条 人民法院受理破产申请后,债务人对个别债权人的债务清偿无效。

第十七条　人民法院受理破产申请后，债务人的债务人或者财产持有人应当向管理人清偿债务或者交付财产。

债务人的债务人或者财产持有人故意违反前款规定向债务人清偿债务或者交付财产，使债权人受到损失的，不免除其清偿债务或者交付财产的义务。

第十八条　人民法院受理破产申请后，管理人对破产申请受理前成立而债务人和对方当事人均未履行完毕的合同有权决定解除或者继续履行，并通知对方当事人。管理人自破产申请受理之日起二个月内未通知对方当事人，或者自收到对方当事人催告之日起三十日内未答复的，视为解除合同。

管理人决定继续履行合同的，对方当事人应当履行；但是，对方当事人有权要求管理人提供担保。管理人不提供担保的，视为解除合同。

第十九条　人民法院受理破产申请后，有关债务人财产的保全措施应当解除，执行程序应当中止。

第二十条　人民法院受理破产申请后，已经开始而尚未终结的有关债务人的民事诉讼或者仲裁应当中止；在管理人接管债务人的财产后，该诉讼或者仲裁继续进行。

第二十一条　人民法院受理破产申请后，有关债务人的民事诉讼，只能向受理破产申请的人民法院提起。

第三章　管理人

第二十二条　管理人由人民法院指定。

债权人会议认为管理人不能依法、公正执行职务或者有其他不能胜任职务情形的，可以申请人民法院予以更换。

指定管理人和确定管理人报酬的办法，由最高人民法院规定。

第二十三条 管理人依照本法规定执行职务，向人民法院报告工作，并接受债权人会议和债权人委员会的监督。

管理人应当列席债权人会议，向债权人会议报告职务执行情况，并回答询问。

第二十四条 管理人可以由有关部门、机构的人员组成的清算组或者依法设立的律师事务所、会计师事务所、破产清算事务所等社会中介机构担任。

人民法院根据债务人的实际情况，可以在征询有关社会中介机构的意见后，指定该机构具备相关专业知识并取得执业资格的人员担任管理人。

有下列情形之一的，不得担任管理人：

（一）因故意犯罪受过刑事处罚；

（二）曾被吊销相关专业执业证书；

（三）与本案有利害关系；

（四）人民法院认为不宜担任管理人的其他情形。

个人担任管理人的，应当参加执业责任保险。

第二十五条 管理人履行下列职责：

（一）接管债务人的财产、印章和账簿、文书等资料；

（二）调查债务人财产状况，制作财产状况报告；

（三）决定债务人的内部管理事务；

（四）决定债务人的日常开支和其他必要开支；

（五）在第一次债权人会议召开之前，决定继续或者停止债务人的营业；

（六）管理和处分债务人的财产；

（七）代表债务人参加诉讼、仲裁或者其他法律程序；

（八）提议召开债权人会议；

（九）人民法院认为管理人应当履行的其他职责。

本法对管理人的职责另有规定的，适用其规定。

第二十六条 在第一次债权人会议召开之前,管理人决定继续或者停止债务人的营业或者有本法第六十九条规定行为之一的,应当经人民法院许可。

第二十七条 管理人应当勤勉尽责,忠实执行职务。

第二十八条 管理人经人民法院许可,可以聘用必要的工作人员。

管理人的报酬由人民法院确定。债权人会议对管理人的报酬有异议的,有权向人民法院提出。

第二十九条 管理人没有正当理由不得辞去职务。管理人辞去职务应当经人民法院许可。

第四章　债务人财产

第三十条 破产申请受理时属于债务人的全部财产,以及破产申请受理后至破产程序终结前债务人取得的财产,为债务人财产。

第三十一条 人民法院受理破产申请前一年内,涉及债务人财产的下列行为,管理人有权请求人民法院予以撤销:

(一) 无偿转让财产的;

(二) 以明显不合理的价格进行交易的;

(三) 对没有财产担保的债务提供财产担保的;

(四) 对未到期的债务提前清偿的;

(五) 放弃债权的。

第三十二条 人民法院受理破产申请前六个月内,债务人有本法第二条第一款规定的情形,仍对个别债权人进行清偿的,管理人有权请求人民法院予以撤销。但是,个别清偿使债务人财产受益的除外。

第三十三条 涉及债务人财产的下列行为无效:

(一) 为逃避债务而隐匿、转移财产的;

（二）虚构债务或者承认不真实的债务的。

第三十四条 因本法第三十一条、第三十二条或者第三十三条规定的行为而取得的债务人的财产，管理人有权追回。

第三十五条 人民法院受理破产申请后，债务人的出资人尚未完全履行出资义务的，管理人应当要求该出资人缴纳所认缴的出资，而不受出资期限的限制。

第三十六条 债务人的董事、监事和高级管理人员利用职权从企业获取的非正常收入和侵占的企业财产，管理人应当追回。

第三十七条 人民法院受理破产申请后，管理人可以通过清偿债务或者提供为债权人接受的担保，取回质物、留置物。

前款规定的债务清偿或者替代担保，在质物或者留置物的价值低于被担保的债权额时，以该质物或者留置物当时的市场价值为限。

第三十八条 人民法院受理破产申请后，债务人占有的不属于债务人的财产，该财产的权利人可以通过管理人取回。但是，本法另有规定的除外。

第三十九条 人民法院受理破产申请时，出卖人已将买卖标的物向作为买受人的债务人发运，债务人尚未收到且未付清全部价款的，出卖人可以取回在运途中的标的物。但是，管理人可以支付全部价款，请求出卖人交付标的物。

第四十条 债权人在破产申请受理前对债务人负有债务的，可以向管理人主张抵销。但是，有下列情形之一的，不得抵销：

（一）债务人的债务人在破产申请受理后取得他人对债务人的债权的；

（二）债权人已知债务人有不能清偿到期债务或者破产申请的事实，对债务人负担债务的；但是，债权人因为法律规定或者有破产申请一年前所发生的原因而负担债务的除外；

（三）债务人的债务人已知债务人有不能清偿到期债务或者破

产申请的事实,对债务人取得债权的;但是,债务人的债务人因为法律规定或者有破产申请一年前所发生的原因而取得债权的除外。

第五章　破产费用和共益债务

第四十一条　人民法院受理破产申请后发生的下列费用,为破产费用:

(一) 破产案件的诉讼费用;

(二) 管理、变价和分配债务人财产的费用;

(三) 管理人执行职务的费用、报酬和聘用工作人员的费用。

第四十二条　人民法院受理破产申请后发生的下列债务,为共益债务:

(一) 因管理人或者债务人请求对方当事人履行双方均未履行完毕的合同所产生的债务;

(二) 债务人财产受无因管理所产生的债务;

(三) 因债务人不当得利所产生的债务;

(四) 为债务人继续营业而应支付的劳动报酬和社会保险费用以及由此产生的其他债务;

(五) 管理人或者相关人员执行职务致人损害所产生的债务;

(六) 债务人财产致人损害所产生的债务。

第四十三条　破产费用和共益债务由债务人财产随时清偿。

债务人财产不足以清偿所有破产费用和共益债务的,先行清偿破产费用。

债务人财产不足以清偿所有破产费用或者共益债务的,按照比例清偿。

债务人财产不足以清偿破产费用的,管理人应当提请人民法院终结破产程序。人民法院应当自收到请求之日起十五日内裁定终结破产程序,并予以公告。

第六章 债权申报

第四十四条 人民法院受理破产申请时对债务人享有债权的债权人，依照本法规定的程序行使权利。

第四十五条 人民法院受理破产申请后，应当确定债权人申报债权的期限。债权申报期限自人民法院发布受理破产申请公告之日起计算，最短不得少于三十日，最长不得超过三个月。

第四十六条 未到期的债权，在破产申请受理时视为到期。

附利息的债权自破产申请受理时起停止计息。

第四十七条 附条件、附期限的债权和诉讼、仲裁未决的债权，债权人可以申报。

第四十八条 债权人应当在人民法院确定的债权申报期限内向管理人申报债权。

债务人所欠职工的工资和医疗、伤残补助、抚恤费用，所欠的应当划入职工个人账户的基本养老保险、基本医疗保险费用，以及法律、行政法规规定应当支付给职工的补偿金，不必申报，由管理人调查后列出清单并予以公示。职工对清单记载有异议的，可以要求管理人更正；管理人不予更正的，职工可以向人民法院提起诉讼。

第四十九条 债权人申报债权时，应当书面说明债权的数额和有无财产担保，并提交有关证据。申报的债权是连带债权的，应当说明。

第五十条 连带债权人可以由其中一人代表全体连带债权人申报债权，也可以共同申报债权。

第五十一条 债务人的保证人或者其他连带债务人已经代替债务人清偿债务的，以其对债务人的求偿权申报债权。

债务人的保证人或者其他连带债务人尚未代替债务人清偿债务

的，以其对债务人的将来求偿权申报债权。但是，债权人已经向管理人申报全部债权的除外。

第五十二条 连带债务人数人被裁定适用本法规定的程序的，其债权人有权就全部债权分别在各破产案件中申报债权。

第五十三条 管理人或者债务人依照本法规定解除合同的，对方当事人以因合同解除所产生的损害赔偿请求权申报债权。

第五十四条 债务人是委托合同的委托人，被裁定适用本法规定的程序，受托人不知该事实，继续处理委托事务的，受托人以由此产生的请求权申报债权。

第五十五条 债务人是票据的出票人，被裁定适用本法规定的程序，该票据的付款人继续付款或者承兑的，付款人以由此产生的请求权申报债权。

第五十六条 在人民法院确定的债权申报期限内，债权人未申报债权的，可以在破产财产最后分配前补充申报；但是，此前已进行的分配，不再对其补充分配。为审查和确认补充申报债权的费用，由补充申报人承担。

债权人未依照本法规定申报债权的，不得依照本法规定的程序行使权利。

第五十七条 管理人收到债权申报材料后，应当登记造册，对申报的债权进行审查，并编制债权表。

债权表和债权申报材料由管理人保存，供利害关系人查阅。

第五十八条 依照本法第五十七条规定编制的债权表，应当提交第一次债权人会议核查。

债务人、债权人对债权表记载的债权无异议的，由人民法院裁定确认。

债务人、债权人对债权表记载的债权有异议的，可以向受理破产申请的人民法院提起诉讼。

第七章 债权人会议

第一节 一般规定

第五十九条 依法申报债权的债权人为债权人会议的成员,有权参加债权人会议,享有表决权。

债权尚未确定的债权人,除人民法院能够为其行使表决权而临时确定债权额的外,不得行使表决权。

对债务人的特定财产享有担保权的债权人,未放弃优先受偿权利的,对于本法第六十一条第一款第七项、第十项规定的事项不享有表决权。

债权人可以委托代理人出席债权人会议,行使表决权。代理人出席债权人会议,应当向人民法院或者债权人会议主席提交债权人的授权委托书。

债权人会议应当有债务人的职工和工会的代表参加,对有关事项发表意见。

第六十条 债权人会议设主席一人,由人民法院从有表决权的债权人中指定。

债权人会议主席主持债权人会议。

第六十一条 债权人会议行使下列职权:

(一) 核查债权;

(二) 申请人民法院更换管理人,审查管理人的费用和报酬;

(三) 监督管理人;

(四) 选任和更换债权人委员会成员;

(五) 决定继续或者停止债务人的营业;

(六) 通过重整计划;

(七) 通过和解协议;

（八）通过债务人财产的管理方案；

（九）通过破产财产的变价方案；

（十）通过破产财产的分配方案；

（十一）人民法院认为应当由债权人会议行使的其他职权。

债权人会议应当对所议事项的决议作成会议记录。

第六十二条 第一次债权人会议由人民法院召集，自债权申报期限届满之日起十五日内召开。

以后的债权人会议，在人民法院认为必要时，或者管理人、债权人委员会、占债权总额四分之一以上的债权人向债权人会议主席提议时召开。

第六十三条 召开债权人会议，管理人应当提前十五日通知已知的债权人。

第六十四条 债权人会议的决议，由出席会议的有表决权的债权人过半数通过，并且其所代表的债权额占无财产担保债权总额的二分之一以上。但是，本法另有规定的除外。

债权人认为债权人会议的决议违反法律规定，损害其利益的，可以自债权人会议作出决议之日起十五日内，请求人民法院裁定撤销该决议，责令债权人会议依法重新作出决议。

债权人会议的决议，对于全体债权人均有约束力。

第六十五条 本法第六十一条第一款第八项、第九项所列事项，经债权人会议表决未通过的，由人民法院裁定。

本法第六十一条第一款第十项所列事项，经债权人会议二次表决仍未通过的，由人民法院裁定。

对前两款规定的裁定，人民法院可以在债权人会议上宣布或者另行通知债权人。

第六十六条 债权人对人民法院依照本法第六十五条第一款作出的裁定不服的，债权额占无财产担保债权总额二分之一以上的债权人对人民法院依照本法第六十五条第二款作出的裁定不服的，可以自裁定宣布之日或者收到通知之日起十五日内向该人民法院申请复议。复议期间不停止裁定的执行。

第二节 债权人委员会

第六十七条 债权人会议可以决定设立债权人委员会。债权人委员会由债权人会议选任的债权人代表和一名债务人的职工代表或者工会代表组成。债权人委员会成员不得超过九人。

债权人委员会成员应当经人民法院书面决定认可。

第六十八条 债权人委员会行使下列职权：

（一）监督债务人财产的管理和处分；

（二）监督破产财产分配；

（三）提议召开债权人会议；

（四）债权人会议委托的其他职权。

债权人委员会执行职务时，有权要求管理人、债务人的有关人员对其职权范围内的事务作出说明或者提供有关文件。

管理人、债务人的有关人员违反本法规定拒绝接受监督的，债权人委员会有权就监督事项请求人民法院作出决定；人民法院应当在五日内作出决定。

第六十九条 管理人实施下列行为，应当及时报告债权人委员会：

（一）涉及土地、房屋等不动产权益的转让；

（二）探矿权、采矿权、知识产权等财产权的转让；

（三）全部库存或者营业的转让；

（四）借款；

（五）设定财产担保；

（六）债权和有价证券的转让；

（七）履行债务人和对方当事人均未履行完毕的合同；

（八）放弃权利；

（九）担保物的取回；

（十）对债权人利益有重大影响的其他财产处分行为。

未设立债权人委员会的，管理人实施前款规定的行为应当及时报告人民法院。

第八章 重 整

第一节 重整申请和重整期间

第七十条 债务人或者债权人可以依照本法规定，直接向人民法院申请对债务人进行重整。

债权人申请对债务人进行破产清算的，在人民法院受理破产申请后、宣告债务人破产前，债务人或者出资额占债务人注册资本十分之一以上的出资人，可以向人民法院申请重整。

第七十一条 人民法院经审查认为重整申请符合本法规定的，应当裁定债务人重整，并予以公告。

第七十二条 自人民法院裁定债务人重整之日起至重整程序终止，为重整期间。

第七十三条 在重整期间，经债务人申请，人民法院批准，债务人可以在管理人的监督下自行管理财产和营业事务。

有前款规定情形的，依照本法规定已接管债务人财产和营业事务的管理人应当向债务人移交财产和营业事务，本法规定的管理人的职权由债务人行使。

第七十四条 管理人负责管理财产和营业事务的，可以聘任债务人的经营管理人员负责营业事务。

第七十五条 在重整期间，对债务人的特定财产享有的担保权暂停行使。但是，担保物有损坏或者价值明显减少的可能，足以危害担保权人权利的，担保权人可以向人民法院请求恢复行使担保权。

在重整期间，债务人或者管理人为继续营业而借款的，可以为该借款设定担保。

第七十六条 债务人合法占有的他人财产，该财产的权利人在重整期间要求取回的，应当符合事先约定的条件。

第七十七条 在重整期间，债务人的出资人不得请求投资收益分配。

在重整期间，债务人的董事、监事、高级管理人员不得向第三人转让其持有的债务人的股权。但是，经人民法院同意的除外。

第七十八条 在重整期间，有下列情形之一的，经管理人或者利害关系人请求，人民法院应当裁定终止重整程序，并宣告债务人破产：

（一）债务人的经营状况和财产状况继续恶化，缺乏挽救的可能性；

（二）债务人有欺诈、恶意减少债务人财产或者其他显著不利于债权人的行为；

（三）由于债务人的行为致使管理人无法执行职务。

第二节 重整计划的制定和批准

第七十九条 债务人或者管理人应当自人民法院裁定债务人重整之日起六个月内，同时向人民法院和债权人会议提交重整计划草案。

前款规定的期限届满，经债务人或者管理人请求，有正当理由的，人民法院可以裁定延期三个月。

债务人或者管理人未按期提出重整计划草案的，人民法院应当裁定终止重整程序，并宣告债务人破产。

第八十条 债务人自行管理财产和营业事务的，由债务人制作重整计划草案。

管理人负责管理财产和营业事务的，由管理人制作重整计划草案。

第八十一条 重整计划草案应当包括下列内容：

（一）债务人的经营方案；

（二）债权分类；

（三）债权调整方案；

（四）债权受偿方案；

（五）重整计划的执行期限；

（六）重整计划执行的监督期限；

（七）有利于债务人重整的其他方案。

第八十二条 下列各类债权的债权人参加讨论重整计划草案的债权人会议，依照下列债权分类，分组对重整计划草案进行表决：

（一）对债务人的特定财产享有担保权的债权；

（二）债务人所欠职工的工资和医疗、伤残补助、抚恤费用，所欠的应当划入职工个人账户的基本养老保险、基本医疗保险费用，以及法律、行政法规规定应当支付给职工的补偿金；

（三）债务人所欠税款；

（四）普通债权。

人民法院在必要时可以决定在普通债权组中设小额债权组对重整计划草案进行表决。

第八十三条 重整计划不得规定减免债务人欠缴的本法第八十二条第一款第二项规定以外的社会保险费用；该项费用的债权人不参加重整计划草案的表决。

第八十四条 人民法院应当自收到重整计划草案之日起三十日内召开债权人会议，对重整计划草案进行表决。

出席会议的同一表决组的债权人过半数同意重整计划草案，并且其所代表的债权额占该组债权总额的三分之二以上的，即为该组通过重整计划草案。

债务人或者管理人应当向债权人会议就重整计划草案作出说明，并回答询问。

第八十五条 债务人的出资人代表可以列席讨论重整计划草案的债权人会议。

重整计划草案涉及出资人权益调整事项的，应当设出资人组，对该事项进行表决。

第八十六条 各表决组均通过重整计划草案时，重整计划即为通过。

自重整计划通过之日起十日内，债务人或者管理人应当向人民法院提出批准重整计划的申请。人民法院经审查认为符合本法规定的，应当自收到申请之日起三十日内裁定批准，终止重整程序，并予以公告。

第八十七条 部分表决组未通过重整计划草案的，债务人或者管理人可以同未通过重整计划草案的表决组协商。该表决组可以在协商后再表决一次。双方协商的结果不得损害其他表决组的利益。

未通过重整计划草案的表决组拒绝再次表决或者再次表决仍未通过重整计划草案，但重整计划草案符合下列条件的，债务人或者管理人可以申请人民法院批准重整计划草案：

（一）按照重整计划草案，本法第八十二条第一款第一项所列债权就该特定财产将获得全额清偿，其因延期清偿所受的损失将得到公平补偿，并且其担保权未受到实质性损害，或者该表决组已经通过重整计划草案；

（二）按照重整计划草案，本法第八十二条第一款第二项、第三项所列债权将获得全额清偿，或者相应表决组已经通过重整计划草案；

（三）按照重整计划草案，普通债权所获得的清偿比例，不低于其在重整计划草案被提请批准时依照破产清算程序所能获得的清偿比例，或者该表决组已经通过重整计划草案；

（四）重整计划草案对出资人权益的调整公平、公正，或者出资人组已经通过重整计划草案；

（五）重整计划草案公平对待同一表决组的成员，并且所规定的债权清偿顺序不违反本法第一百一十三条的规定；

（六）债务人的经营方案具有可行性。

人民法院经审查认为重整计划草案符合前款规定的，应当自收到申请之日起三十日内裁定批准，终止重整程序，并予以公告。

第八十八条 重整计划草案未获得通过且未依照本法第八十七条的规定获得批准，或者已通过的重整计划未获得批准的，人民法院应当裁定终止重整程序，并宣告债务人破产。

第三节 重整计划的执行

第八十九条 重整计划由债务人负责执行。

人民法院裁定批准重整计划后，已接管财产和营业事务的管理人应当向债务人移交财产和营业事务。

第九十条 自人民法院裁定批准重整计划之日起，在重整计划规定的监督期内，由管理人监督重整计划的执行。

在监督期内，债务人应当向管理人报告重整计划执行情况和债务人财务状况。

第九十一条 监督期届满时，管理人应当向人民法院提交监督报告。自监督报告提交之日起，管理人的监督职责终止。

管理人向人民法院提交的监督报告，重整计划的利害关系人有权查阅。

经管理人申请，人民法院可以裁定延长重整计划执行的监督期限。

第九十二条 经人民法院裁定批准的重整计划，对债务人和全体债权人均有约束力。

债权人未依照本法规定申报债权的，在重整计划执行期间不得行使权利；在重整计划执行完毕后，可以按照重整计划规定的同类债权的清偿条件行使权利。

债权人对债务人的保证人和其他连带债务人所享有的权利，不受重整计划的影响。

第九十三条 债务人不能执行或者不执行重整计划的，人民法院经管理人或者利害关系人请求，应当裁定终止重整计划的执行，并宣告债务人破产。

人民法院裁定终止重整计划执行的，债权人在重整计划中作出的债权调整的承诺失去效力。债权人因执行重整计划所受的清偿仍然有效，债权未受清偿的部分作为破产债权。

前款规定的债权人，只有在其他同顺位债权人同自己所受的清偿达到同一比例时，才能继续接受分配。

有本条第一款规定情形的，为重整计划的执行提供的担保继续有效。

第九十四条 按照重整计划减免的债务，自重整计划执行完毕时起，债务人不再承担清偿责任。

第九章 和 解

第九十五条 债务人可以依照本法规定，直接向人民法院申请和解；也可以在人民法院受理破产申请后、宣告债务人破产前，向人民法院申请和解。

债务人申请和解，应当提出和解协议草案。

第九十六条 人民法院经审查认为和解申请符合本法规定的，应当裁定和解，予以公告，并召集债权人会议讨论和解协议草案。

对债务人的特定财产享有担保权的权利人，自人民法院裁定和解之日起可以行使权利。

第九十七条 债权人会议通过和解协议的决议，由出席会议的有表决权的债权人过半数同意，并且其所代表的债权额占无财产担保债权总额的三分之二以上。

第九十八条 债权人会议通过和解协议的,由人民法院裁定认可,终止和解程序,并予以公告。管理人应当向债务人移交财产和营业事务,并向人民法院提交执行职务的报告。

第九十九条 和解协议草案经债权人会议表决未获得通过,或者已经债权人会议通过的和解协议未获得人民法院认可的,人民法院应当裁定终止和解程序,并宣告债务人破产。

第一百条 经人民法院裁定认可的和解协议,对债务人和全体和解债权人均有约束力。

和解债权人是指人民法院受理破产申请时对债务人享有无财产担保债权的人。

和解债权人未依照本法规定申报债权的,在和解协议执行期间不得行使权利;在和解协议执行完毕后,可以按照和解协议规定的清偿条件行使权利。

第一百零一条 和解债权人对债务人的保证人和其他连带债务人所享有的权利,不受和解协议的影响。

第一百零二条 债务人应当按照和解协议规定的条件清偿债务。

第一百零三条 因债务人的欺诈或者其他违法行为而成立的和解协议,人民法院应当裁定无效,并宣告债务人破产。

有前款规定情形的,和解债权人因执行和解协议所受的清偿,在其他债权人所受清偿同等比例的范围内,不予返还。

第一百零四条 债务人不能执行或者不执行和解协议的,人民法院经和解债权人请求,应当裁定终止和解协议的执行,并宣告债务人破产。

人民法院裁定终止和解协议执行的,和解债权人在和解协议中作出的债权调整的承诺失去效力。和解债权人因执行和解协议所受的清偿仍然有效,和解债权未受清偿的部分作为破产债权。

前款规定的债权人,只有在其他债权人同自己所受的清偿达到同一比例时，才能继续接受分配。

有本条第一款规定情形的，为和解协议的执行提供的担保继续有效。

第一百零五条 人民法院受理破产申请后，债务人与全体债权人就债权债务的处理自行达成协议的，可以请求人民法院裁定认可，并终结破产程序。

第一百零六条 按照和解协议减免的债务，自和解协议执行完毕时起，债务人不再承担清偿责任。

第十章　破产清算

第一节　破产宣告

第一百零七条 人民法院依照本法规定宣告债务人破产的，应当自裁定作出之日起五日内送达债务人和管理人，自裁定作出之日起十日内通知已知债权人，并予以公告。

债务人被宣告破产后，债务人称为破产人，债务人财产称为破产财产，人民法院受理破产申请时对债务人享有的债权称为破产债权。

第一百零八条 破产宣告前，有下列情形之一的，人民法院应当裁定终结破产程序，并予以公告：

（一）第三人为债务人提供足额担保或者为债务人清偿全部到期债务的；

（二）债务人已清偿全部到期债务的。

第一百零九条 对破产人的特定财产享有担保权的权利人，对该特定财产享有优先受偿的权利。

第一百一十条 享有本法第一百零九条规定权利的债权人行使优先受偿权利未能完全受偿的，其未受偿的债权作为普通债权；放弃优先受偿权利的，其债权作为普通债权。

第二节　变价和分配

第一百一十一条　管理人应当及时拟订破产财产变价方案，提交债权人会议讨论。

管理人应当按照债权人会议通过的或者人民法院依照本法第六十五条第一款规定裁定的破产财产变价方案，适时变价出售破产财产。

第一百一十二条　变价出售破产财产应当通过拍卖进行。但是，债权人会议另有决议的除外。

破产企业可以全部或者部分变价出售。企业变价出售时，可以将其中的无形资产和其他财产单独变价出售。

按照国家规定不能拍卖或者限制转让的财产，应当按照国家规定的方式处理。

第一百一十三条　破产财产在优先清偿破产费用和共益债务后，依照下列顺序清偿：

（一）破产人所欠职工的工资和医疗、伤残补助、抚恤费用，所欠的应当划入职工个人账户的基本养老保险、基本医疗保险费用，以及法律、行政法规规定应当支付给职工的补偿金；

（二）破产人欠缴的除前项规定以外的社会保险费用和破产人所欠税款；

（三）普通破产债权。

破产财产不足以清偿同一顺序的清偿要求的，按照比例分配。

破产企业的董事、监事和高级管理人员的工资按照该企业职工的平均工资计算。

第一百一十四条　破产财产的分配应当以货币分配方式进行。但是，债权人会议另有决议的除外。

第一百一十五条　管理人应当及时拟订破产财产分配方案，提交债权人会议讨论。

破产财产分配方案应当载明下列事项：

（一）参加破产财产分配的债权人名称或者姓名、住所；

（二）参加破产财产分配的债权额；

（三）可供分配的破产财产数额；

（四）破产财产分配的顺序、比例及数额；

（五）实施破产财产分配的方法。

债权人会议通过破产财产分配方案后，由管理人将该方案提请人民法院裁定认可。

第一百一十六条 破产财产分配方案经人民法院裁定认可后，由管理人执行。

管理人按照破产财产分配方案实施多次分配的，应当公告本次分配的财产额和债权额。管理人实施最后分配的，应当在公告中指明，并载明本法第一百一十七条第二款规定的事项。

第一百一十七条 对于附生效条件或者解除条件的债权，管理人应当将其分配额提存。

管理人依照前款规定提存的分配额，在最后分配公告日，生效条件未成就或者解除条件成就的，应当分配给其他债权人；在最后分配公告日，生效条件成就或者解除条件未成就的，应当交付给债权人。

第一百一十八条 债权人未受领的破产财产分配额，管理人应当提存。债权人自最后分配公告之日起满二个月仍不领取的，视为放弃受领分配的权利，管理人或者人民法院应当将提存的分配额分配给其他债权人。

第一百一十九条 破产财产分配时，对于诉讼或者仲裁未决的债权，管理人应当将其分配额提存。自破产程序终结之日起满二年仍不能受领分配的，人民法院应当将提存的分配额分配给其他债权人。

第三节　破产程序的终结

第一百二十条　破产人无财产可供分配的，管理人应当请求人民法院裁定终结破产程序。

管理人在最后分配完结后，应当及时向人民法院提交破产财产分配报告，并提请人民法院裁定终结破产程序。

人民法院应当自收到管理人终结破产程序的请求之日起十五日内作出是否终结破产程序的裁定。裁定终结的，应当予以公告。

第一百二十一条　管理人应当自破产程序终结之日起十日内，持人民法院终结破产程序的裁定，向破产人的原登记机关办理注销登记。

第一百二十二条　管理人于办理注销登记完毕的次日终止执行职务。但是，存在诉讼或者仲裁未决情况的除外。

第一百二十三条　自破产程序依照本法第四十三条第四款或者第一百二十条的规定终结之日起二年内，有下列情形之一的，债权人可以请求人民法院按照破产财产分配方案进行追加分配：

（一）发现有依照本法第三十一条、第三十二条、第三十三条、第三十六条规定应当追回的财产的；

（二）发现破产人有应当供分配的其他财产的。

有前款规定情形，但财产数量不足以支付分配费用的，不再进行追加分配，由人民法院将其上交国库。

第一百二十四条　破产人的保证人和其他连带债务人，在破产程序终结后，对债权人依照破产清算程序未受清偿的债权，依法继续承担清偿责任。

第十一章　法律责任

第一百二十五条　企业董事、监事或者高级管理人员违反忠实义务、勤勉义务，致使所在企业破产的，依法承担民事责任。

有前款规定情形的人员，自破产程序终结之日起三年内不得担任任何企业的董事、监事、高级管理人员。

第一百二十六条 有义务列席债权人会议的债务人的有关人员，经人民法院传唤，无正当理由拒不列席债权人会议的，人民法院可以拘传，并依法处以罚款。债务人的有关人员违反本法规定，拒不陈述、回答，或者作虚假陈述、回答的，人民法院可以依法处以罚款。

第一百二十七条 债务人违反本法规定，拒不向人民法院提交或者提交不真实的财产状况说明、债务清册、债权清册、有关财务会计报告以及职工工资的支付情况和社会保险费用的缴纳情况的，人民法院可以对直接责任人员依法处以罚款。

债务人违反本法规定，拒不向管理人移交财产、印章和账簿、文书等资料的，或者伪造、销毁有关财产证据材料而使财产状况不明的，人民法院可以对直接责任人员依法处以罚款。

第一百二十八条 债务人有本法第三十一条、第三十二条、第三十三条规定的行为，损害债权人利益的，债务人的法定代表人和其他直接责任人员依法承担赔偿责任。

第一百二十九条 债务人的有关人员违反本法规定，擅自离开住所地的，人民法院可以予以训诫、拘留，可以依法并处罚款。

第一百三十条 管理人未依照本法规定勤勉尽责，忠实执行职务的，人民法院可以依法处以罚款；给债权人、债务人或者第三人造成损失的，依法承担赔偿责任。

第一百三十一条 违反本法规定，构成犯罪的，依法追究刑事责任。

第十二章 附 则

第一百三十二条 本法施行后，破产人在本法公布之日前所欠职工的工资和医疗、伤残补助、抚恤费用，所欠的应当划入职工个人账户的基本养老保险、基本医疗保险费用，以及法律、行政法规规定应当支付给职工的补偿金，依照本法第一百一十三条的规定清偿后不足以清偿的部分，以本法第一百零九条规定的特定财产优先于对该特定财产享有担保权的权利人受偿。

第一百三十三条 在本法施行前国务院规定的期限和范围内的国有企业实施破产的特殊事宜，按照国务院有关规定办理。

第一百三十四条 商业银行、证券公司、保险公司等金融机构有本法第二条规定情形的，国务院金融监督管理机构可以向人民法院提出对该金融机构进行重整或者破产清算的申请。国务院金融监督管理机构依法对出现重大经营风险的金融机构采取接管、托管等措施的，可以向人民法院申请中止以该金融机构为被告或者被执行人的民事诉讼程序或者执行程序。

金融机构实施破产的，国务院可以依据本法和其他有关法律的规定制定实施办法。

第一百三十五条 其他法律规定企业法人以外的组织的清算，属于破产清算的，参照适用本法规定的程序。

第一百三十六条 本法自2007年6月1日起施行，《中华人民共和国企业破产法（试行）》同时废止。

附 录

最高人民法院关于适用《中华人民共和国企业破产法》若干问题的规定(一)

法释〔2011〕22号

(2011年8月29日最高人民法院审判委员会第1527次会议通过)

为正确适用《中华人民共和国企业破产法》,结合审判实践,就人民法院依法受理企业破产案件适用法律问题作出如下规定。

第一条 债务人不能清偿到期债务并且具有下列情形之一的,人民法院应当认定其具备破产原因:

(一)资产不足以清偿全部债务;

(二)明显缺乏清偿能力。

相关当事人以对债务人的债务负有连带责任的人未丧失清偿能力为由,主张债务人不具备破产原因的,人民法院应不予支持。

第二条 下列情形同时存在的,人民法院应当认定债务人不能清偿到期债务:

(一)债权债务关系依法成立;

(二)债务履行期限已经届满;

(三)债务人未完全清偿债务。

第三条 债务人的资产负债表,或者审计报告、资产评估报告等显示其全部资产不足以偿付全部负债的,人民法院应当认定债务人资产不足以清偿全部债务,但有相反证据足以证明债务人资产能够偿付全部负债的除外。

第四条 债务人账面资产虽大于负债,但存在下列情形之一的,人民法院应当认定其明显缺乏清偿能力:

(一)因资金严重不足或者财产不能变现等原因,无法清偿债务;

(二)法定代表人下落不明且无其他人员负责管理财产,无法清偿债务;

(三)经人民法院强制执行,无法清偿债务;

(四)长期亏损且经营扭亏困难,无法清偿债务;

(五)导致债务人丧失清偿能力的其他情形。

第五条 企业法人已解散但未清算或者未在合理期限内清算完毕,债权人申请债务人破产清算的,除债务人在法定异议期限内举证证明其未出现破产原因外,人民法院应当受理。

第六条 债权人申请债务人破产的,应当提交债务人不能清偿到期债务的有关证据。债务人对债权人的申请未在法定期限内向人民法院提出异议,或者异议不成立的,人民法院应当依法裁定受理破产申请。

受理破产申请后,人民法院应当责令债务人依法提交其财产状况说明、债务清册、债权清册、财务会计报告等有关材料,债务人拒不提交的,人民法院可以对债务人的直接责任人员采取罚款等强制措施。

第七条 人民法院收到破产申请时,应当向申请人出具收到申请及所附证据的书面凭证。

人民法院收到破产申请后应当及时对申请人的主体资格、债务人的主体资格和破产原因,以及有关材料和证据等进行审查,并依据企业破产法第十条的规定作出是否受理的裁定。

人民法院认为申请人应当补充、补正相关材料的，应当自收到破产申请之日起五日内告知申请人。当事人补充、补正相关材料的期间不计入企业破产法第十条规定的期限。

第八条 破产案件的诉讼费用，应根据企业破产法第四十三条的规定，从债务人财产中拨付。相关当事人以申请人未预先交纳诉讼费用为由，对破产申请提出异议的，人民法院不予支持。

第九条 申请人向人民法院提出破产申请，人民法院未接收其申请，或者未按本规定第七条执行的，申请人可以向上一级人民法院提出破产申请。

上一级人民法院接到破产申请后，应当责令下级法院依法审查并及时作出是否受理的裁定；下级法院仍不作出是否受理裁定的，上一级人民法院可以径行作出裁定。

上一级人民法院裁定受理破产申请的，可以同时指令下级人民法院审理该案件。

最高人民法院关于适用《中华人民共和国企业破产法》若干问题的规定(二)

法释〔2013〕22号

(2013年7月29日最高人民法院审判委员会第1586次会议通过)

根据《中华人民共和国企业破产法》《中华人民共和国物权法》《中华人民共和国合同法》等相关法律,结合审判实践,就人民法院审理企业破产案件中认定债务人财产相关的法律适用问题,制定本规定。

第一条 除债务人所有的货币、实物外,债务人依法享有的可以用货币估价并可以依法转让的债权、股权、知识产权、用益物权等财产和财产权益,人民法院均应认定为债务人财产。

第二条 下列财产不应认定为债务人财产:
(一)债务人基于仓储、保管、承揽、代销、借用、寄存、租赁等合同或者其他法律关系占有、使用的他人财产;
(二)债务人在所有权保留买卖中尚未取得所有权的财产;
(三)所有权专属于国家且不得转让的财产;
(四)其他依照法律、行政法规不属于债务人的财产。

第三条 债务人已依法设定担保物权的特定财产,人民法院应当认定为债务人财产。

对债务人的特定财产在担保物权消灭或者实现担保物权后的剩余部分,在破产程序中可用以清偿破产费用、共益债务和其他破产债权。

第四条 债务人对按份享有所有权的共有财产的相关份额,或者共同享有所有权的共有财产的相应财产权利，以及依法分割共有财产所得部分，人民法院均应认定为债务人财产。

人民法院宣告债务人破产清算，属于共有财产分割的法定事由。人民法院裁定债务人重整或者和解的，共有财产的分割应当依据物权法第九十九条的规定进行；基于重整或者和解的需要必须分割共有财产，管理人请求分割的，人民法院应予准许。

因分割共有财产导致其他共有人损害产生的债务，其他共有人请求作为共益债务清偿的，人民法院应予支持。

第五条 破产申请受理后，有关债务人财产的执行程序未依照企业破产法第十九条的规定中止的，采取执行措施的相关单位应当依法予以纠正。依法执行回转的财产，人民法院应当认定为债务人财产。

第六条 破产申请受理后，对于可能因有关利益相关人的行为或者其他原因，影响破产程序依法进行的，受理破产申请的人民法院可以根据管理人的申请或者依职权，对债务人的全部或者部分财产采取保全措施。

第七条 对债务人财产已采取保全措施的相关单位，在知悉人民法院已裁定受理有关债务人的破产申请后，应当依照企业破产法第十九条的规定及时解除对债务人财产的保全措施。

第八条 人民法院受理破产申请后至破产宣告前裁定驳回破产申请，或者依据企业破产法第一百零八条的规定裁定终结破产程序的，应当及时通知原已采取保全措施并已依法解除保全措施的单位按照原保全顺位恢复相关保全措施。

在已依法解除保全的单位恢复保全措施或者表示不再恢复之前，受理破产申请的人民法院不得解除对债务人财产的保全措施。

第九条 管理人依据企业破产法第三十一条和第三十二条的规定提起诉讼，请求撤销涉及债务人财产的相关行为并由相对人返还债务人财产的，人民法院应予支持。

管理人因过错未依法行使撤销权导致债务人财产不当减损，债权人提起诉讼主张管理人对其损失承担相应赔偿责任的，人民法院应予支持。

第十条 债务人经过行政清理程序转入破产程序的，企业破产法第三十一条和第三十二条规定的可撤销行为的起算点，为行政监管机构作出撤销决定之日。

债务人经过强制清算程序转入破产程序的，企业破产法第三十一条和第三十二条规定的可撤销行为的起算点，为人民法院裁定受理强制清算申请之日。

第十一条 人民法院根据管理人的请求撤销涉及债务人财产的以明显不合理价格进行的交易的，买卖双方应当依法返还从对方获取的财产或者价款。

因撤销该交易，对于债务人应返还受让人已支付价款所产生的债务，受让人请求作为共益债务清偿的，人民法院应予支持。

第十二条 破产申请受理前一年内债务人提前清偿的未到期债务，在破产申请受理前已经到期，管理人请求撤销该清偿行为的，人民法院不予支持。但是，该清偿行为发生在破产申请受理前六个月内且债务人有企业破产法第二条第一款规定情形的除外。

第十三条 破产申请受理后，管理人未依据企业破产法第三十一条的规定请求撤销债务人无偿转让财产、以明显不合理价格交易、放弃债权行为的，债权人依据合同法第七十四条等规定提起诉讼，请求撤销债务人上述行为并将因此追回的财产归入债务人财产的，人民法院应予受理。

相对人以债权人行使撤销权的范围超出债权人的债权抗辩的，人民法院不予支持。

第十四条 债务人对以自有财产设定担保物权的债权进行的个别清偿，管理人依据企业破产法第三十二条的规定请求撤销的，人民法院不予支持。但是，债务清偿时担保财产的价值低于债权额的除外。

第十五条　债务人经诉讼、仲裁、执行程序对债权人进行的个别清偿，管理人依据企业破产法第三十二条的规定请求撤销的，人民法院不予支持。但是，债务人与债权人恶意串通损害其他债权人利益的除外。

第十六条　债务人对债权人进行的以下个别清偿，管理人依据企业破产法第三十二条的规定请求撤销的，人民法院不予支持：

（一）债务人为维系基本生产需要而支付水费、电费等的；

（二）债务人支付劳动报酬、人身损害赔偿金的；

（三）使债务人财产受益的其他个别清偿。

第十七条　管理人依据企业破产法第三十三条的规定提起诉讼，主张被隐匿、转移财产的实际占有人返还债务人财产，或者主张债务人虚构债务或者承认不真实债务的行为无效并返还债务人财产的，人民法院应予支持。

第十八条　管理人代表债务人依据企业破产法第一百二十八条的规定，以债务人的法定代表人和其他直接责任人员对所涉债务人财产的相关行为存在故意或者重大过失，造成债务人财产损失为由提起诉讼，主张上述责任人员承担相应赔偿责任的，人民法院应予支持。

第十九条　债务人对外享有债权的诉讼时效，自人民法院受理破产申请之日起中断。

债务人无正当理由未对其到期债权及时行使权利，导致其对外债权在破产申请受理前一年内超过诉讼时效期间的，人民法院受理破产申请之日起重新计算上述债权的诉讼时效期间。

第二十条　管理人代表债务人提起诉讼，主张出资人向债务人依法缴付未履行的出资或者返还抽逃的出资本息，出资人以认缴出资尚未届至公司章程规定的缴纳期限或者违反出资义务已经超过诉讼时效为由抗辩的，人民法院不予支持。

管理人依据公司法的相关规定代表债务人提起诉讼，主张公司的发起人和负有监督股东履行出资义务的董事、高级管理人员，或者协助抽逃出资的其他股东、董事、高级管理人员、实际控制人等，对股东违反出资义务或者抽逃出资承担相应责任，并将财产归入债务人财产的，人民法院应予支持。

第二十一条 破产申请受理前，债权人就债务人财产提起下列诉讼，破产申请受理时案件尚未审结的，人民法院应当中止审理：

（一）主张次债务人代替债务人直接向其偿还债务的；

（二）主张债务人的出资人、发起人和负有监督股东履行出资义务的董事、高级管理人员，或者协助抽逃出资的其他股东、董事、高级管理人员、实际控制人等直接向其承担出资不实或者抽逃出资责任的；

（三）以债务人的股东与债务人法人人格严重混同为由，主张债务人的股东直接向其偿还债务人对其所负债务的；

（四）其他就债务人财产提起的个别清偿诉讼。

债务人破产宣告后，人民法院应当依照企业破产法第四十四条的规定判决驳回债权人的诉讼请求。但是，债权人一审中变更其诉讼请求为追收的相关财产归入债务人财产的除外。

债务人破产宣告前，人民法院依据企业破产法第十二条或者第一百零八条的规定裁定驳回破产申请或者终结破产程序的，上述中止审理的案件应当依法恢复审理。

第二十二条 破产申请受理前，债权人就债务人财产向人民法院提起本规定第二十一条第一款所列诉讼，人民法院已经作出生效民事判决书或者调解书但尚未执行完毕的，破产申请受理后，相关执行行为应当依据企业破产法第十九条的规定中止，债权人应当依法向管理人申报相关债权。

第二十三条 破产申请受理后，债权人就债务人财产向人民法院提起本规定第二十一条第一款所列诉讼的，人民法院不予受理。

债权人通过债权人会议或者债权人委员会，要求管理人依法向次债务人、债务人的出资人等追收债务人财产，管理人无正当理由拒绝追收，债权人会议依据企业破产法第二十二条的规定，申请人民法院更换管理人的，人民法院应予支持。

管理人不予追收，个别债权人代表全体债权人提起相关诉讼，主张次债务人或者债务人的出资人等向债务人清偿或者返还债务人财产，或者依法申请合并破产的，人民法院应予受理。

第二十四条 债务人有企业破产法第二条第一款规定的情形时，债务人的董事、监事和高级管理人员利用职权获取的以下收入，人民法院应当认定为企业破产法第三十六条规定的非正常收入：

（一）绩效奖金；

（二）普遍拖欠职工工资情况下获取的工资性收入；

（三）其他非正常收入。

债务人的董事、监事和高级管理人员拒不向管理人返还上述债务人财产，管理人主张上述人员予以返还的，人民法院应予支持。

债务人的董事、监事和高级管理人员因返还第一款第（一）项、第（三）项非正常收入形成的债权，可以作为普通破产债权清偿。因返还第一款第（二）项非正常收入形成的债权，依据企业破产法第一百一十三条第三款的规定，按照该企业职工平均工资计算的部分作为拖欠职工工资清偿；高出该企业职工平均工资计算的部分，可以作为普通破产债权清偿。

第二十五条 管理人拟通过清偿债务或者提供担保取回质物、留置物，或者与质权人、留置权人协议以质物、留置物折价清偿债务等方式，进行对债权人利益有重大影响的财产处分行为的，应当及时报告债权人委员会。未设立债权人委员会的，管理人应当及时报告人民法院。

第二十六条 权利人依据企业破产法第三十八条的规定行使取回权，应当在破产财产变价方案或者和解协议、重整计划草案提交债权人会议表决前向管理人提出。权利人在上述期限后主张取回相关财产的,应当承担延迟行使取回权增加的相关费用。

第二十七条 权利人依据企业破产法第三十八条的规定向管理人主张取回相关财产,管理人不予认可,权利人以债务人为被告向人民法院提起诉讼请求行使取回权的,人民法院应予受理。

权利人依据人民法院或者仲裁机关的相关生效法律文书向管理人主张取回所涉争议财产,管理人以生效法律文书错误为由拒绝其行使取回权的,人民法院不予支持。

第二十八条 权利人行使取回权时未依法向管理人支付相关的加工费、保管费、托运费、委托费、代销费等费用,管理人拒绝其取回相关财产的,人民法院应予支持。

第二十九条 对债务人占有的权属不清的鲜活易腐等不易保管的财产或者不及时变现价值将严重贬损的财产,管理人及时变价并提存变价款后,有关权利人就该变价款行使取回权的,人民法院应予支持。

第三十条 债务人占有的他人财产被违法转让给第三人,依据物权法第一百零六条的规定第三人已善意取得财产所有权,原权利人无法取回该财产的,人民法院应当按照以下规定处理:

(一)转让行为发生在破产申请受理前的,原权利人因财产损失形成的债权,作为普通破产债权清偿;

(二)转让行为发生在破产申请受理后的,因管理人或者相关人员执行职务导致原权利人损害产生的债务,作为共益债务清偿。

第三十一条 债务人占有的他人财产被违法转让给第三人,第三人已向债务人支付了转让价款,但依据物权法第一百零六条的规定未取得财产所有权,原权利人依法追回转让财产的,对因第三人已支付对价而产生的债务,人民法院应当按照以下规定处理:

(一)转让行为发生在破产申请受理前的,作为普通破产债权清偿;

（二）转让行为发生在破产申请受理后的，作为共益债务清偿。

第三十二条 债务人占有的他人财产毁损、灭失，因此获得的保险金、赔偿金、代偿物尚未交付给债务人，或者代偿物虽已交付给债务人但能与债务人财产予以区分的，权利人主张取回就此获得的保险金、赔偿金、代偿物的，人民法院应予支持。

保险金、赔偿金已经交付给债务人，或者代偿物已经交付给债务人且不能与债务人财产予以区分的，人民法院应当按照以下规定处理：

（一）财产毁损、灭失发生在破产申请受理前的，权利人因财产损失形成的债权，作为普通破产债权清偿；

（二）财产毁损、灭失发生在破产申请受理后的，因管理人或者相关人员执行职务导致权利人损害产生的债务，作为共益债务清偿。

债务人占有的他人财产毁损、灭失，没有获得相应的保险金、赔偿金、代偿物，或者保险金、赔偿物、代偿物不足以弥补其损失的部分，人民法院应当按照本条第二款的规定处理。

第三十三条 管理人或者相关人员在执行职务过程中，因故意或者重大过失不当转让他人财产或者造成他人财产毁损、灭失，导致他人损害产生的债务作为共益债务，由债务人财产随时清偿不足弥补损失，权利人向管理人或者相关人员主张承担补充赔偿责任的，人民法院应予支持。

上述债务作为共益债务由债务人财产随时清偿后，债权人以管理人或者相关人员执行职务不当导致债务人财产减少给其造成损失为由提起诉讼，主张管理人或者相关人员承担相应赔偿责任的，人民法院应予支持。

第三十四条 买卖合同双方当事人在合同中约定标的物所有权保留，在标的物所有权未依法转移给买受人前，一方当事人破产的，该买卖合同属于双方均未履行完毕的合同，管理人有权依据企业破产法第十八条的规定决定解除或者继续履行合同。

第三十五条 出卖人破产,其管理人决定继续履行所有权保留买卖合同的,买受人应当按照原买卖合同的约定支付价款或者履行其他义务。

买受人未依约支付价款或者履行完毕其他义务,或者将标的物出卖、出质或者作出其他不当处分,给出卖人造成损害,出卖人管理人依法主张取回标的物的,人民法院应予支持。但是,买受人已经支付标的物总价款百分之七十五以上或者第三人善意取得标的物所有权或者其他物权的除外。

因本条第二款规定未能取回标的物,出卖人管理人依法主张买受人继续支付价款、履行完毕其他义务,以及承担相应赔偿责任的,人民法院应予支持。

第三十六条 出卖人破产,其管理人决定解除所有权保留买卖合同,并依据企业破产法第十七条的规定要求买受人向其交付买卖标的物的,人民法院应予支持。

买受人以其不存在未依约支付价款或者履行完毕其他义务,或者将标的物出卖、出质或者作出其他不当处分情形抗辩的,人民法院不予支持。

买受人依法履行合同义务并依据本条第一款将买卖标的物交付出卖人管理人后,买受人已支付价款损失形成的债权作为共益债务清偿。但是,买受人违反合同约定,出卖人管理人主张上述债权作为普通破产债权清偿的,人民法院应予支持。

第三十七条 买受人破产,其管理人决定继续履行所有权保留买卖合同的,原买卖合同中约定的买受人支付价款或者履行其他义务的期限在破产申请受理时视为到期,买受人管理人应当及时向出卖人支付价款或者履行其他义务。

买受人管理人无正当理由未及时支付价款或者履行完毕其他义务,或者将标的物出卖、出质或者作出其他不当处分,给出卖人造成损害，出卖人依据合同法第一百三十四条等规定主张取回标的物的，人民法院应予支持。但是，买受人已支付标的物总价款百分之七十五以上或者第三人善意取得标的物所有权或者其他物权的除外。

因本条第二款规定未能取回标的物，出卖人依法主张买受人继续支付价款、履行完毕其他义务，以及承担相应赔偿责任的，人民法院应予支持。对因买受人未支付价款或者未履行完毕其他义务，以及买受人管理人将标的物出卖、出质或者作出其他不当处分导致出卖人损害产生的债务，出卖人主张作为共益债务清偿的，人民法院应予支持。

第三十八条 买受人破产，其管理人决定解除所有权保留买卖合同，出卖人依据企业破产法第三十八条的规定主张取回买卖标的物的，人民法院应予支持。

出卖人取回买卖标的物，买受人管理人主张出卖人返还已支付价款的，人民法院应予支持。取回的标的物价值明显减少给出卖人造成损失的，出卖人可从买受人已支付价款中优先予以抵扣后，将剩余部分返还给买受人；对买受人已支付价款不足以弥补出卖人标的物价值减损损失形成的债权，出卖人主张作为共益债务清偿的，人民法院应予支持。

第三十九条 出卖人依据企业破产法第三十九条的规定，通过通知承运人或者实际占有人中止运输、返还货物、变更到达地，或者将货物交给其他收货人等方式，对在运途中标的物主张了取回权但未能实现，或者在货物未达管理人前已向管理人主张取回在运途中标的物，在买卖标的物到达管理人后，出卖人向管理人主张取回的，管理人应予准许。

出卖人对在运途中标的物未及时行使取回权，在买卖标的物到达管理人后向管理人行使在运途中标的物取回权的，管理人不应准许。

第四十条 债务人重整期间,权利人要求取回债务人合法占有的权利人的财产,不符合双方事先约定条件的,人民法院不予支持。但是,因管理人或者自行管理的债务人违反约定,可能导致取回物被转让、毁损、灭失或者价值明显减少的除外。

第四十一条 债权人依据企业破产法第四十条的规定行使抵销权,应当向管理人提出抵销主张。

管理人不得主动抵销债务人与债权人的互负债务,但抵销使债务人财产受益的除外。

第四十二条 管理人收到债权人提出的主张债务抵销的通知后,经审查无异议的,抵销自管理人收到通知之日起生效。

管理人对抵销主张有异议的,应当在约定的异议期限内或者自收到主张债务抵销的通知之日起三个月内向人民法院提起诉讼。无正当理由逾期提起的,人民法院不予支持。

人民法院判决驳回管理人提起的抵销无效诉讼请求的,该抵销自管理人收到主张债务抵销的通知之日起生效。

第四十三条 债权人主张抵销,管理人以下列理由提出异议的,人民法院不予支持:

(一)破产申请受理时,债务人对债权人负有的债务尚未到期;

(二)破产申请受理时,债权人对债务人负有的债务尚未到期;

(三)双方互负债务标的物种类、品质不同。

第四十四条 破产申请受理前六个月内,债务人有企业破产法第二条第一款规定的情形,债务人与个别债权人以抵销方式对个别债权人清偿,其抵销的债权债务属于企业破产法第四十条第(二)、(三)项规定的情形之一,管理人在破产申请受理之日起三个月内向人民法院提起诉讼,主张该抵销无效的,人民法院应予支持。

第四十五条 企业破产法第四十条所列不得抵销情形的债权人,主张以其对债务人特定财产享有优先受偿权的债权,与债务人对其不享有优先受偿权的债权抵销,债务人管理人以抵销存在企业破产法第四十条规定的情形提出异议的,人民法院不予支持。但是,用以抵销的债权大于债权人享有优先受偿权财产价值的除外。

第四十六条 债务人的股东主张以下列债务与债务人对其负有的债务抵销,债务人管理人提出异议的,人民法院应予支持:

(一)债务人股东因欠缴债务人的出资或者抽逃出资对债务人所负的债务;

(二)债务人股东滥用股东权利或者关联关系损害公司利益对债务人所负的债务。

第四十七条 人民法院受理破产申请后,当事人提起的有关债务人的民事诉讼案件,应当依据企业破产法第二十一条的规定,由受理破产申请的人民法院管辖。

受理破产申请的人民法院管辖的有关债务人的第一审民事案件,可以依据民事诉讼法第三十八条的规定,由上级人民法院提审,或者报请上级人民法院批准后交下级人民法院审理。

受理破产申请的人民法院,如对有关债务人的海事纠纷、专利纠纷、证券市场因虚假陈述引发的民事赔偿纠纷等案件不能行使管辖权的,可以依据民事诉讼法第三十七条的规定,由上级人民法院指定管辖。

第四十八条 本规定施行前本院发布的有关企业破产的司法解释,与本规定相抵触的,自本规定施行之日起不再适用。

最高人民法院关于执行案件移送
破产审查若干问题的指导意见

法发〔2017〕2号
最高人民法院印发
《关于执行案件移送破产审查若干问题的指导意见》的通知

各省、自治区、直辖市高级人民法院,解放军军事法院,新疆维吾尔自治区高级人民法院生产建设兵团分院:

现将《最高人民法院关于执行案件移送破产审查若干问题的指导意见》印发给你们,请认真遵照执行。

最高人民法院
2017年1月20日

推进执行案件移送破产审查工作,有利于健全市场主体救治和退出机制,有利于完善司法工作机制,有利于化解执行积案,是人民法院贯彻中央供给侧结构性改革部署的重要举措,是当前和今后一段时期人民法院服务经济社会发展大局的重要任务。为促进和规范执行案件移送破产审查工作,保障执行程序与破产程序的有序衔接,根据《中华人民共和国企业破产法》《中华人民共和国民事诉讼法》《最高人民法院关于适用〈中华人民共和国民事诉讼法〉的解释》等规定,现对执行案件移送破产审查的若干问题提出以下意见。

一、执行案件移送破产审查的工作原则、条件与管辖

1. 执行案件移送破产审查工作,涉及执行程序与破产程序之间的转换衔接,不同法院之间,同一法院内部执行部门、立案部门、

破产审判部门之间，应坚持依法有序、协调配合、高效便捷的工作原则，防止推诿扯皮，影响司法效率，损害当事人合法权益。

2. 执行案件移送破产审查，应同时符合下列条件：

（1）被执行人为企业法人；

（2）被执行人或者有关被执行人的任何一个执行案件的申请执行人书面同意将执行案件移送破产审查；

（3）被执行人不能清偿到期债务，并且资产不足以清偿全部债务或者明显缺乏清偿能力。

3. 执行案件移送破产审查，由被执行人住所地人民法院管辖。在级别管辖上，为适应破产审判专业化建设的要求，合理分配审判任务，实行以中级人民法院管辖为原则、基层人民法院管辖为例外的管辖制度。中级人民法院经高级人民法院批准，也可以将案件交由具备审理条件的基层人民法院审理。

二、执行法院的征询、决定程序

4. 执行法院在执行程序中应加强对执行案件移送破产审查有关事宜的告知和征询工作。执行法院采取财产调查措施后，发现作为被执行人的企业法人符合破产法第二条规定的，应当及时询问申请执行人、被执行人是否同意将案件移送破产审查。申请执行人、被执行人均不同意移送且无人申请破产的，执行法院应当按照《最高人民法院关于适用〈中华人民共和国民事诉讼法〉的解释》第五百一十六条的规定处理，企业法人的其他已经取得执行依据的债权人申请参与分配的，人民法院不予支持。

5. 执行部门应严格遵守执行案件移送破产审查的内部决定程序。承办人认为执行案件符合移送破产审查条件的，应提出审查意见，经合议庭评议同意后，由执行法院院长签署移送决定。

6. 为减少异地法院之间移送的随意性，基层人民法院拟将执行案件移送异地中级人民法院进行破产审查的，在作出移送决定前，应先报请其所在地中级人民法院执行部门审核同意。

7. 执行法院作出移送决定后，应当于五日内送达申请执行人和被执行人。申请执行人或被执行人对决定有异议的，可以在受移送法院破产审查期间提出，由受移送法院一并处理。

8. 执行法院作出移送决定后，应当书面通知所有已知执行法院，执行法院均应中止对被执行人的执行程序。但是，对被执行人的季节性商品、鲜活、易腐烂变质以及其他不宜长期保存的物品，执行法院应当及时变价处置，处置的价款不作分配。受移送法院裁定受理破产案件的，执行法院应当在收到裁定书之日起七日内，将该价款移交受理破产案件的法院。

案件符合终结本次执行程序条件的，执行法院可以同时裁定终结本次执行程序。

9. 确保对被执行人财产的查封、扣押、冻结措施的连续性，执行法院决定移送后、受移送法院裁定受理破产案件之前，对被执行人的查封、扣押、冻结措施不解除。查封、扣押、冻结期限在破产审查期间届满的，申请执行人可以向执行法院申请延长期限，由执行法院负责办理。

三、移送材料及受移送法院的接收义务

10. 执行法院作出移送决定后，应当向受移送法院移送下列材料：

（1）执行案件移送破产审查决定书；

（2）申请执行人或被执行人同意移送的书面材料；

（3）执行法院采取财产调查措施查明的被执行人的财产状况、已查封、扣押、冻结财产清单及相关材料；

（4）执行法院已分配财产清单及相关材料；

（5）被执行人债务清单；

（6）其他应当移送的材料。

11. 移送的材料不完备或内容错误，影响受移送法院认定破产原因是否具备的，受移送法院可以要求执行法院补齐、补正，执行法院应于十日内补齐、补正。该期间不计入受移送法院破产审查的期间。

受移送法院需要查阅执行程序中的其他案件材料，或者依法委托执行法院办理财产处置等事项的，执行法院应予协助配合。

12. 执行法院移送破产审查的材料，由受移送法院立案部门负责接收。受移送法院不得以材料不完备等为由拒绝接收。立案部门经审核认为移送材料完备的，应以"破申"作为案件类型代字编制案号登记立案，并及时将案件移送破产审判部门进行破产审查。破产审判部门在审查过程中发现本院对案件不具有管辖权的，应当按照《中华人民共和国民事诉讼法》第三十六条的规定处理。

四、受移送法院破产审查与受理

13. 受移送法院的破产审判部门应当自收到移送的材料之日起三十日内作出是否受理的裁定。受移送法院作出裁定后，应当在五日内送达申请执行人、被执行人，并送交执行法院。

14. 申请执行人申请或同意移送破产审查的，裁定书中以该申请执行人为申请人，被执行人为被申请人；被执行人申请或同意移送破产审查的，裁定书中以该被执行人为申请人；申请执行人、被执行人均同意移送破产审查的，双方均为申请人。

15. 受移送法院裁定受理破产案件的，在此前的执行程序中产生的评估费、公告费、保管费等执行费用，可以参照破产费用的规定，从债务人财产中随时清偿。

16. 执行法院收到受移送法院受理裁定后，应当于七日内将已经扣划到账的银行存款、实际扣押的动产、有价证券等被执行人财产移交给受理破产案件的法院或管理人。

17. 执行法院收到受移送法院受理裁定时，已通过拍卖程序处置且成交裁定已送达买受人的拍卖财产，通过以物抵债偿还债务且抵债裁定已送达债权人的抵债财产，已完成转账、汇款、现金交付的执行款，因财产所有权已经发生变动，不属于被执行人的财产，不再移交。

五、受移送法院不予受理或驳回申请的处理

18. 受移送法院做出不予受理或驳回申请裁定的，应当在裁定生效后七日内将接收的材料、被执行人的财产退回执行法院，执行法院应当恢复对被执行人的执行。

19. 受移送法院作出不予受理或驳回申请的裁定后，人民法院不得重复启动执行案件移送破产审查程序。申请执行人或被执行人以有新证据足以证明被执行人已经具备了破产原因为由，再次要求将执行案件移送破产审查的，人民法院不予支持。但是，申请执行人或被执行人可以直接向具有管辖权的法院提出破产申请。

20. 受移送法院裁定宣告被执行人破产或裁定终止和解程序、重整程序的，应当自裁定作出之日起五日内送交执行法院，执行法院应当裁定终结对被执行人的执行。

六、执行案件移送破产审查的监督

21. 受移送法院拒绝接收移送的材料，或者收到移送的材料后不按规定的期限作出是否受理裁定的，执行法院可函请受移送法院的上一级法院进行监督。上一级法院收到函件后应当指令受移送法院在十日内接收材料或作出是否受理的裁定。

受移送法院收到上级法院的通知后，十日内仍不接收材料或不作出是否受理裁定的，上一级法院可以径行对移送破产审查的案件行使管辖权。上一级法院裁定受理破产案件的，可以指令受移送法院审理。